黄金商务

关于职场野心、古怪企业家以及管理怪招

〔美〕吉姆·罗密欧 著
岳小乐 译

Business's Most Wanted

商务印书馆
创于1897 The Commercial Press
2015年·北京

Jim Romeo

Business's Most Wanted

Original work copyright© Potomac Books,Inc.

Published by Potomac Books,Inc.

图书在版编目(CIP)数据

黄金商务:关于职场野心、古怪企业家以及管理怪招 /(美)罗密欧著;岳小乐译. —北京:商务印书馆,2015

ISBN 978-7-100-10537-8

Ⅰ.①黄… Ⅱ.①罗… ②岳… Ⅲ.①商业企业管理—经验—美国 Ⅳ.①F737.12

中国版本图书馆 CIP 数据核字(2014)第 007219 号

黄金商务

——关于职场野心、古怪企业家以及管理怪招

〔美〕吉姆·罗密欧 著

岳小乐 译

商 务 印 书 馆 出 版

(北京王府井大街36号 邮政编码 100710)

商 务 印 书 馆 发 行

北京中科印刷有限公司印刷

ISBN 978-7-100-10537-8

2015 年 5 月第 1 版　　开本 880×1230 1/32

2015 年 5 月北京第 1 次印刷　　印张 10 1/4

定价:25.00 元

目　录

引　言

美国的事业就是工商业。卡尔文·柯立芝（Calvin Coolidge）曾经这样说到。我对此深信不疑。脚上穿的鞋子、手指敲击的键盘、享受到的卫生保健服务、手中的信用卡、路上跑的汽车——这一切都和我们的国民生产总值息息相关，而且很多产品与服务我们天天都要使用。生产与管理这些产品过程中的种种事情与服务构成了美国企业的版图。这是项严肃的事业。

本书的内容排序与商人思考问题的先后顺序一致：人物、产品以及商业环境。这三项内容几乎出现在每一商业场景之中。

企业生产产品并提供服务。产品与服务在不同环境中出售、交换。因而受到各种不同类型人群的影响——顾客，中层管理人员，执行董事，经济学家，等等。商业中的往来互动提供了一个愉悦有趣的平台。

在这个平台中事实真相随处可见，并且一些趣味横生的奇闻逸事也穿插其中。事实上，这些都是构成一本好书的要素。所以本书包括了以上所有内容。本书的独特之处就在于能够把一个严肃正经的主题轻松地进行诠释。

一本记录琐事的书籍会把一些旁人认为自己在正经生意中创造的诸多辉煌事实描述得普普通通、无关痛痒、妙趣横生。妇孺皆知的事情远没有一些鲜有人知晓的真相有趣。微软公司的使命说明书要比比尔·盖茨（Bill Gates）智能屋的内部构造枯燥无聊得多。了解美国自从20世纪60年代如何一步步地债台高筑要比了解美国经济具有何种优势有意思得多。与平淡无奇的商业真相相比，阅读商业琐事则是更佳的选择。

本书试图发掘令人会心一笑的商业琐事，与此同时也能起到启迪读者的作用。此书能将你从一板一眼的商业氛围中暂时解放出来。

本书另外能够体现价值之处在于每个主题选取了十个经典的案例。将琐事分编入组汇聚成各种“十个经典”会使这些琐事读起来更加好玩。而一个主题往往也会因为十件稀松平常的事情穿插在一起而趣味横生。一位财政部长来自纽约这件事本身并无特殊之处，但要是你知道至少有九位财长也和纽约有很强的关联的时候，事情才真正变得有趣了呢。一项伟大的创新抵不上十项伟大的创新。某一执行董事曾经身为白宫学者这事不太新鲜，新鲜的是商界中至少有10位诺贝尔奖获得者都曾是白宫学者。

本书教给我们通过商业琐事如何对历史进行赏析。历史上的慈善家、骗子以及创新家层出不穷。读一读书中某些章节的题目你就会立马发现历史不断进行着重复。商业琐事助我们辨清历史趋势：追求公平劳动以及工作条件，我们的商业信念，伟大商业领袖的兴起沉浮，以及围绕在著名企业家与商业领袖周围长达数世纪之久的令人啧啧称奇的身世背景。琐事中往往蕴含着更多历史。

本书的设置是这样的，读者不需要完整地从头读到尾。你可以跳到你感兴趣的领域阅读。你会读到一整个章节介绍一些成功的商务人士，他们曾经是扑克玩家，翻到下一章会读到一张列表，列出了一些曾经是鹰派童子军的商业领袖。如果某天你突然想读一些关于财经的内容，那么你可以直接翻到有关章节，却不用担心错过之前章节的一些内容。

这本书的保质期应该也会很久。书中记录的若干事实真相以及奇闻逸事距今已数十载光阴。这些珍贵的史料信息在过去就曾令人捧腹，在未来也定会依旧如此。在本书中读到国债自从20世纪60年代以来如何像变形虫一样不断变形增长的内容后，那么在未来十年内再次见证国债数量走高，将会十分有趣。同样有趣的还有读到我们都是怎样谈论互联网泡沫在数年之内行将破灭的，以及后任总统对其前任允诺的权利做出何种评论。

我发觉商业世界是如此的大，里面充满了众多商业选择，要无数本书才能够将这些商业选择全部收录。本书起了个好头，我诚挚地希望你们享受、阅读本书的内容。

外面的世界很大，但从单纯的字面意思来看，美国的事业的确是工商业。

第一篇

人　物

第一章　工业社会中的暗室

竞争激烈的商业文化往往通过令人身心备受煎熬、相互杀戮的竞争精神以及适者生存的信条体现其特质。因此，许许多多领袖人物以及行业缔造者们饱受精神疾病的困扰，的确是事出有因的。实际上，因为这牵扯到隐私，所以要想知道谁患有精神疾病确实不容易。下面是一些众人皆知曾经患病的商业领袖人物，或是默默忍受精神疾病摧残的悲情人物。

1. 菲利普・格拉汉姆（Philip Graham,1915—1963）

格拉汉姆是《华盛顿邮报》前任主席。1963 年，同躁郁症进行斗争后，最终自杀身亡。他的夫人，凯瑟琳（Katherine）在 1969—1979 年间以报纸发行人的身份接手报社工作，并积极参与运营工作，直至 2001 年逝世。

2. 特德·特纳（Ted Turner,1938— ）

特纳是特纳广播公司的创始人与公司董事。虽然他是位能力超群的乐天派，但在 1985 年还是患上了精神疾病。他因患有躁郁症而接受了治疗，并服用锂多年。这位表情总是十分严肃的商业巨贾取得的成就因他傲慢的态度而蒙上了阴影。虽然他态度傲慢并坦诚自己患有两极性情绪紊乱症，但这位著名的慈善人士据称向联合国"善行"项目捐赠了一笔迄今为止数额最高的慈善善款——十亿美元。

3. 海茵茨·普莱切特（Heinz Prechter,1942—2001）

身为德国移民的普莱切特曾是大型汽车供应商 ASB 股份有限公司（美国天窗公司）的主席。普莱切特患有严重的躁郁症 。他曾是乔治·W. 布什（George W.Bush）总统的好友和主要捐助人。他对自己的病情格外谨慎，在 59 岁时不幸自杀身亡。

4. 保罗·戈特利布（Paul Gottlieb,1935—2002）

戈特利布曾身兼哈里·N. 艾布拉姆斯有限公司的主席

和发行人身份超过 20 年。戈特利布的抑郁症在他事业起步之时还有恶化的趋势。和其他患者一样，他通过治疗摆脱了抑郁症的困扰。2002 年 6 月戈特利布因突发心脏病去世。

5. 罗伯特·康波（Robert Campeau,1924— ）

康波是位加拿大金融家，房地产执行开发商，也是康波建筑公司的创始人。康波在 1986 年恶意收购了美国第三大零售商——联合百货公司，1988 年又将美国联邦百货公司收入囊中。他患有躁郁症的事情尽人皆知，并接受了相关治疗。

6. 约翰·斯图尔特·米尔（John Stuart Mill,1806—1873）

米尔借由自己在经济和哲学领域的多篇论文著作，对 19 世纪英国思想与进步起到了塑造作用，其中最为出名的一篇是 1859 年面世的《论自由》。1826 年，20 岁的他精神崩溃。他巧妙利用作家的方式描述了他的焦虑："在身处的各种关系之中，从事的各种职业里，它始终伴我左右。"[1]

---

1 引用于 http://www.healthyplace.com/communities/anxiety/paems/people/famous_people_2.htm。

7. 罗伯特·蒙达维（Robert Mondavi,1913— ）

这位酿酒师以及酒庄经理恐怕并没有患上比较普遍的精神疾病例如焦虑症或忧郁症，但他的确因事业压力以及在家庭生活方面出现畏难情绪而接受治疗。据说经过治疗后，他能够把一些注意力从酿酒厂的生意中抽离出来，转移到家庭生活上来。

8. 霍华德·休斯（Howard Hughes,1905—1976）

休斯是位电影制片人、飞行员以及休斯飞机公司的创始人。虽然事业收获诸多成功，但他患上了强迫症，大家都知道他因为此种病症而出现恐惧症状。他恐惧症状之一便是微生物恐惧症——通俗地说就是他害怕细菌。传言说他会用掉一盒盒的纸巾擦净视线内一切物品。还有传闻说他也有恐旷症——害怕空旷的地方和不熟悉的地方。1976 年 4 月 5 日他在飞往休斯敦一家医院的时候，在自己的私人飞机上去世了。他留下的房产估价 20 亿美元。

9. 约翰·肯尼斯·加尔布雷斯（John Kenneth Galbraith,1908— ）

加尔布雷斯是位经济学家、教育家以及作家。这位享誉世界的经济学家还曾经是位声名赫赫的学者和外交家，曾在哈佛大学担任教授职务（1949—1975），还曾经担任过美国驻印度大使（1961—1963），以及肯尼迪总统的私人顾问。据说他患有单极性情绪紊乱症，此种病症患者的情绪会在愉悦与悲痛间变换。单级性情绪紊乱症与两极性情绪紊乱症不同的是情绪会从一个极端滑向另一极端，并固定在一极，而不会像两级性情绪紊乱症那样在两种情绪间震荡变换。

10. 詹姆斯·福利斯特（James Forrestal,1892—1949）

步入政坛前，福利斯特作为投资银行家积累了大笔财富。他之后就任美国海军副部长（1940）以及部长（1944）。他同时还是第一任国防部长（1947—1949）。不幸的是，他因觉得自己没有尽到国防部长的职责而在 1949 年自杀身亡。据说他也患有比较严重的抑郁症。

第二章　不得不知的金融界人物

你想和那些高高在上、威风八面的金融家或银行家或有钱人攀谈，但又担心对整个行业知之甚少？要是连下面这些名字都不知道的话，那就不要去搭讪了，这些名字就是华尔街[1]典型的代表性人物。

1. 约翰·皮尔庞特·摩根（John Pierpont Morgan,1837—1913）

19 世纪末期以及 20 世纪初期与华尔街名声联系最为紧密的名字之一，像 J.P. 摩根这样能在华尔街呼风唤雨的人物前无古人后无来者。1895 年摩根因帮助美国财政部成功阻

1　信息摘录汇总于：www.knowledgeproducts.net/walstreeits.html 和 www.ml.com。

止黄金贮备耗尽而大赚一笔，1907年摩根领衔一群银行家为那些孱弱的银行担保偿还能力而终止了一场金融恐慌。他还曾是铁路和钢铁行业的主要出资人和组织人之一，并于1901年创建了规模庞大的美国钢铁公司。在西奥多·罗斯福（Theodore Roosevelt）总统任职期间，他同那些要求解散托拉斯的人产生了相悖意见，在那个时代，托拉斯组织一手遮天，一些大企业规模浩大，并且有向垄断发展的趋势。

2. 沃伦·巴菲特（Warren Buffett,1930— ）

巴菲特在哥伦比亚大学进修了本杰明·格拉汉姆（Benjamin Graham）和大卫·多特（David Dodd）的证券分析课程，进而在20世纪末期成为独立投资人。他买下自己心仪而且对其了如指掌的公司，并帮助他们摆脱灭亡的厄运。来自内布拉斯加奥马哈市的巴菲特为自己能在金融界混乱的环境中将简便的方法与实用的投资才能结合在一起而感到自豪。他的绰号“奥马哈先知”人尽皆知。

3. 海蒂·格林（Hetty Green,1835—1916）

如果你觉得华尔街的证券操盘手只能由男性担当的话，那么这个答案值得三思。海蒂·格林是华尔街第一位女性金融家，而且被认为是在她那个时代世界上最富有的女性。她出生在马萨诸塞州的新贝德福德，基督教勤俭慎行的教规使她 600 万美元的遗产继承金额增长到 1 亿美元。因为这笔巨额财富，格林担心她可能会死在刺客手上。1916 年，她确实因为这个原因而丧命。她是韦尔兹利学院以及美国女童子军的主要捐赠人。

4. 钻石 · 吉姆 · 布雷迪

（Diamond Jim Brady,1856—1917）

布雷迪是 18 世纪 90 年代带有传奇色彩的人物，也是白手起家故事的代表性人物。布雷迪初入职场时还只是个酒店行李员，但他犹如销售员般的非凡才能令他成为世界一流的金融家和慈善家。他取得的成就来自于他开创了科学分析法来为自己工作的企业（例如曼宁、麦克斯威尔与摩尔等铁路供应商）服务，预估和满足客户的需求。布雷迪对奢侈的钻石珠宝达到近乎痴迷的地步，他的绰号就是这么叫响的。富甲一方的他胃口着实不小，据称他早餐食量非常的大，之后还要在上午享用丰盛的加餐，晚餐他会把在纽约经常光临的那些饭馆里的菜吃个遍。某次他走进一家位于新英格兰地区的糖果店，走的时候一共买了价值 15,000 千美元的糖果，坚称这是他吃过的最好的糖果。这件事为沃伦 · 巴菲特之后的行为开了个头。沃伦 · 巴菲特买下了喜氏糖果公司，因为他宣称这是他吃过的最好吃的糖果——两件相似而又有趣的故事。布雷迪死后，他大部分的地产归约翰斯·霍普金斯大学医院和纽约医院所有。

5. 杰西·利弗莫尔（Jesse Livermore,1877—1940）

人称“投机之王”的利弗莫尔名声响亮，20世纪初的时候他生活奢靡，对自己的投资手法常常夸夸其谈。利弗莫尔更为令人熟知的绰号有“少年作手”、“巨熊”、“华尔街奇迹”，以及“棉花大王”等。与其他通过投机行为而成功的投机者不同，利弗莫尔在投资方面赚得的数百万美元来的快去的也快。在华尔街活跃的30年中他曾四次经历沉浮。

6. 伯纳德·巴鲁克（Bernard Baruch,1870—1965）

伯纳德·巴鲁克30岁时便已在股市挣得大笔财富。他曾任纽约证券交易所主席，之后担当总统顾问一职。他后来还资助了民主党和民主党竞选活动，这其中包括1912年大获成功的伍德罗·威尔逊（Woodrow Wilson）总统竞选活动。他自称他的投资智慧有悖于常人——别人抛售时他买进，别人买进时他抛售。无论你怎么想，但这招确实奏效。然而，有关巴鲁克在1929年股市崩盘前就明智地从股市撤退的传闻并不真实。但他确实比其他那些玩家表现得更为出色，因为他并没有因此倾家荡产。

7. 约瑟夫·P. 肯尼迪（Joseph P. Kennedy,1888—1969）

肯尼迪作为商人和投资客积累了价值五亿美元的财富，之后还当上了证券交易委员会的主席。他赚钱的渠道包括投资银行业、连锁影院、电影制作公司、纽约房产以及投资股票市场。或许令他名声不佳的事情是因为获得了苏格兰威士忌和英国杜松子酒的经销权。许多人觉得他与他的儿子们天性不同，他的儿子们后来成为20世纪早期美国一些名声显赫的人物，但他绝不会是创建肯尼迪基金的那个创始人。

8. 乔治·索罗斯（George Soros,1930—）

出生于匈牙利布达佩斯特一个犹太家庭里的索罗斯经历了从一贫如洗的移民变身亿万富翁的历程。索罗斯已经身为华尔街时代投资者的领军人物，也成为了众多投资大鳄嫉妒的对象。直至今日，他仍是热衷投资的投资客。

9. 查尔斯·E. 美林（Charles E.Merrill,1885—1956）与埃德蒙德·C. 林奇（Edmund C.Lynch,1885—1952）

1907年查尔斯·E. 美林因要为一家纺织公司工作而从佛

罗里达搬到了纽约。在同一城市里，他遇见了另一个寻找新商业冒险机会的家伙。埃德蒙德·C. 林奇那会住在基督教青年会附近的第 32 大街，在这里他遇到了美林。1911 年美林发表一篇名为“投资客众生相”的杂志文章。这篇文章关注了投资客通常受到忽视这一现象。1914 年美林与林奇用实际投资行动代替了原本对投资行业的观望。

10. 本杰明·格拉汉姆（1894—1976）

格拉汉姆作为“价值投资理论之父”而闻名于世，他创立的许多基础分析法则和价值投资理论被许多华尔街巨鳄使用。世界各地无数的基金和投资组合经理都是他理论的追随者。1927—1957 年他在哥伦比亚大学商学院担任教授，他感性十足的授课风格启迪了一位名为沃伦·巴菲特的学生。

第三章　安息吧

每个人都会被安放在某个地方长眠。这些地点常常被我们遗忘，找到它们非要另辟蹊径才行。商界著名人士以及一众名人与寻常百姓都会一起埋葬。他们的墓地或许离你并不遥远。事实上，当你下次再出席某个鸡尾酒会时，如果对话内容枯燥无味，试试把书中记录的一些和墓地有关的信息说出来，你要么成为惊艳众人的亮点，或是张嘴闭嘴谈论墓地的另类。下面列举的就是一些在商业世界取得卓著成绩的人物以及他们的下葬点。

1. 埃伯哈德・安海斯
（Eberhard Anheuser,1805—1880）

墓地：贝尔方丹公墓，圣路易斯，密苏里

身为安海斯—布施啤酒帝国的创始人，他通过肥皂生意赚到了第一桶金。1860 年他决定买下巴伐利亚啤酒厂。1879 年当他的女儿下嫁给一位啤酒酿造商阿道弗斯 · 布施后，故事的序幕拉开了，安海斯—布施啤酒厂就此成立。

2. 里昂 · 里奥伍德（Leon Leonwood,1872—1967）

墓地：韦伯斯特路公墓，弗里波特，缅因

这位邮购行业巨商创业初期是一位供应商，为猎人、渔民以及樵夫提供服务。他公司提供的产品依托缅因州森林木材优势，生产出风格传统又实用的衣物，并广受欢迎。L.L. 比恩公司现如今是个家喻户晓的品牌，在世界范围内获得了广泛的认可。

3. 马克思 · 法克特（Max Factor,1877—1938）

墓地：山坡纪念园，卡尔弗城，加利福尼亚

化妆品巨贾马克思 · 法克特生于波兰，1940 年来到美国。当电影工业刚刚起步之时，令“化妆”一词走红的法克特开始向明星提供化妆服务，在 20 世纪 30 年代发明了粉饼配方。凭借世人的虚荣心以及爱美之心，他建立起了一个化妆品帝国。

4. 胡里奥・加洛（Julio Gallo,1910—1993）

墓地：圣史丹尼斯劳斯公墓，莫德斯托，加利福尼亚

欧内斯特与胡里奥·加洛在加利福尼亚莫德斯托建立的酒厂举世闻名。胡里奥死于一场车祸。在他的墓碑上刻有葡萄图案，并配以“热爱这片土地的酿酒商”的文字。

5. 本杰明・富兰克林・古德里奇（Benjamin Franklin Goodrich,1841—1888）

墓地：湖景镇公墓，詹姆斯敦，纽约

古德里奇出生在纽约的里普利，曾是联邦军队的一名外科医生，早在 20 世纪汽车革命之前便已成为生产消防水龙带和其他橡胶制品的第一人。虽然以他名字命名的公司总部现在位于俄亥俄州的亚克朗市，这里现在被认为是世界橡胶中心，但他最初于 1869 年在纽约北部地区成立了公司。经历了严重的大出血之后，他在位于科罗拉多州的马尼图斯普林斯的一家旅店中与世长辞。

6. 亨利・约翰・海因茨（Henry John Heinz,1844—1916）

墓地：霍姆伍德公墓，匹兹堡，宾夕法尼亚州

亨利·海因茨年轻的时候开始向匹兹堡的邻居们推销出

售自家产的蔬菜，16 年后他的番茄酱才问世。虽然经历了各种起伏，他的公司成为了食品加工产业中的中流砥柱。

7. 奥威尔 · 雷登贝克（Orville Redenbacher,1907—1995）

墓地：遗体火化，骨灰撒入大海

雷登贝克这个总戴着领结的人把精力贡献给了爆米花事业。他在普杜大学学习的农业学，和搭档查尔斯 · 鲍尔曼（Charles Bowman）开发了一种玉米粒较大的杂交爆米花。他生产的微波炉爆米花以及生爆米花成为了货架上的畅销货。1995 年 9 月 18 日，在离圣地亚哥较近的地方因为心脏病突发溺水身亡。

8. 亨瑞 · 伯内特 · 瑞斯（Harry Burnett Reese,1879—1956）

墓地：公墓，宾夕法尼亚州

亨瑞把瑞斯花生黄油杯的产地选在了因米尔顿 · 好时（Milton Hershey）而闻名于世的宾夕法尼亚州的糖果镇——好时。即便在因战争出现白糖供应短缺的情形下，花生黄油杯也没有停止市场的供应。它是美国最畅销的甜食之一。

9. 约翰 · 巴特森 · 斯蒂森
（John Batterson Stetson,1830—1906）

墓地：宾夕法尼亚州

生于新泽西州橘郡的斯蒂森是斯蒂森高顶礼帽之父。在被诊断患有肺结核病之后，他迁往美国西海岸地区，寄希望于那里的天气能够改善他的健康状况。1885 年他回到了东部地区，并创建了约翰·B. 斯蒂森公司。为西部服装铸造了传世品牌后，斯蒂森于 1906 年逝世，留下了价值 700 万美元的地产。

10. 卡尔 · A. 斯旺森（Carl A. Swanson,1879—1949）

墓地：森林草地公墓

作为冷冻快餐之父，卡尔 · 斯旺森生产的产品几乎在每个超市冷冻食品区中都占有一席之地。斯旺森的公司事实上是在他儿子的领导下建成的。他想让大众注意到食品便利的一面。这个理念在日后的包装食品行业中成为了主流发展方向。最初的冷冻快餐包括火鸡、玉米面包调料和肉汁，以及黄油焗豌豆和甜土豆。

第四章　值得一谈的商人慈善家

一些人觉得好人不会过早离开人间，但那些先走一步的人仍旧是好人——也就是说他们宅心仁厚，慷慨大方。如果你手头富裕，解囊相助吧。如果你爱心满满，把它放在需要的人身上吧。看看历史上那些伟大的慈善家们，你就会知晓商业领袖们出于慷慨本性而做了大量的慈善工作。

1. 安德鲁·卡内基（Andrew Garnegie,1835—1919）

这位实业家是财产因为慈善事业而重新分配的典型事例。有着卑微出身的苏格兰人卡内基在钢铁行业建立了自己的财富。当把自己的钢铁公司出售给 J.P. 摩根时，他达到了事业的顶峰，财富值达到将近 3.5 亿美元，等同于现在的 30 亿美元。卡内基几乎将这笔财产捐给了不同的机构，包括纽约卡内基音乐厅、卡内基科技学院（现在的卡内基梅隆大学）以及一些其他机构和项目。他对从事慈善下定了决心，而且还在《北美评论》上发表文章讨论慈善的必要性。

2. 约翰·D. 洛克菲勒（John D. Rockefeller,1834—1937）

一种美德会在整个家族中传承延续。至少对洛克菲勒家族来说是这样的。从一周薪水为 3.5 美元的簿记员做起，洛克菲勒从事过倒卖货物的生意，最终投身石油行业。财富从此开始增长。作为一位虔诚的浸信会教徒，他对那些生活不幸的人给予了热心慷慨的资助。他捐助了约 5,400 万美元，相当于现在的 60 亿美元。当代文化中令人更为熟悉的小约翰·D. 洛克菲勒子承父业，也成为了一位商业领袖和慈善家。

3. 亨利·福特（Henry Ford,1863—1947）

福特 16 岁时离开家庭农场来到密歇根州的底特律，并最终成为全美最大的汽车生产商之一。他性格独特——对自己的支出严格限制，但却慷慨非凡。1914 年时他就给员工开出了一天五美元的天价工资。他去世后，把一半财产留给了福特基金会，每年这个基金会都会捐出数百万美元。

4. 乔治·索罗斯（1930— ）

作为亘古一人的金融家，索罗斯出身于一个卑微的犹太匈牙利家庭，之后跃身成为世界上最为富有的富翁之一。拥有财富也令他富有了哲学精神，对自己卑微出身到发家致富进行了反思。索罗斯努力给予移民帮助救助，并且提供严厉的刑事司法与监狱系统之外的替代性援助。他还为一些不同寻常的项目提供资金帮助，包括针头交换计划、大麻合法化的全民公决、协助自杀全民公投等活动。根据自己的慈善兴趣，他已经将价值 70 亿美元财产的三分之一捐出。

5. 特德·特纳（1938—）

听特纳说话，你就会得出这样一个结论，他听上去绝对不是个好人。虽然他 24 岁时父亲就自杀身亡了，这位媒体界巨人创造了价值 22 亿美元的巨额财富。这位自作聪明的人物确实才思敏捷，而且对捐助与慈善事业立场坚定。特纳因为捐出了自己 65% 的财富而名声在外——捐出的钱数对任何一位慈善家来说都不是个小数目。他指定捐给联合国的十亿美元分成十次等额支付形式在十年中付清。这是在慈善历史上单笔数额最大的捐款。

6. 比尔 · 盖茨（1955—）

说起比尔 · 盖茨就不能不说到他的慈善事业。这个哈佛大学的辍学生建立了微软公司，并且积聚起数量惊人的财富。他在微软结识了他夫人米兰达（Melinda），她是盖茨在慈善事业方面的搭档。这对慷慨大方的夫妇创立了著名的比尔与米兰达盖茨基金会，你在美国全境内的许多公共图书馆的海报上都能看见它的名字，它为公共图书馆提供电脑教室和教育。据说盖茨在支配每年 170 亿—200 亿美元慈善支出与日常软件生意上投入了相同的精力。对超过一定数额的捐款需征得他和米兰达的认可，而对一些小礼物或是一些补助金，他准许自己的父亲和基金会主管进行决定。

7. 汤姆 · 莫纳汉（Tom Monaghan,1937—）

多米诺比萨的创始人在行的不仅仅是送比萨上门。他还擅长将自己的慈善力量以及教堂提供的天主教教育与服务一并带给需要的人们。此外，他还做出巨大公益努力来保存杰出建筑师弗兰克 · 劳埃德 · 赖特（Frank Lloyd Wright）的建筑作品。这位百万富翁的财产净值 3.5 亿美元，他将其中的大部分进行了捐赠，并为许多慈善组织提供了慈善基金。

8. 萨姆·沃尔顿（Sam Walton,1919—1992）

这位被乔治·布什总统称为“美国梦缩影”的人在俄克拉荷马州长大，赶上了大萧条时期，并一步步地建立起美国最负盛名的零售机构之一。他具有率真的特性和净值 940 亿美元资产，你会觉得沃尔顿定会比那些装腔作势的企业家多捐出一些钱，但令人吃惊的是他遗留下的信托基金会每年只捐出总资产的 1%。这部分资金中的大部分都投给了教育事业。

9. 保罗·梅隆（Paul Mellon,1907—1999）

商业历史上的慈善家们并未都把目光局限在贫困、教育和保护环境等方面。像保罗·梅隆这样的慈善家就投身于文化与艺术品事业。值得指出的一点是，他虽然没有慷慨地向教育事业捐献资金，但在公益艺术品世界却做出了重要贡献。身为两家统管家族资金基金会的主席，梅隆同时还兼任美国国家美术馆的主席，并向耶鲁大学捐赠了价值数百万美元的英法艺术精品。

10. 约翰·皮尔庞特·摩根（1837—1913）

这位美国金融家因打破政府债券垄断以及在铁路交通大

发展时期重组美国铁路线路而大名鼎鼎。他是纽约城圣约翰大教堂、大都市美术馆、纽约公共图书馆以及其他一些主要医院和机构的捐助人。摩根非常喜欢艺术品和书籍。他是一位杰出的古籍善本以及手稿收藏家，其中许多收藏都藏于纽约皮尔庞特摩根图书馆。

第五章　与众不同的人才

“LD”这两个字母缩写的意思是“学习障碍症”。这应该是最容易令人产生误解的标签了。其实把它解释为“不同学习方式”则更加合适。被认为患有学习障碍症的人与那些绝顶聪明的天才具有一模一样的优点和特性。你绝对想不到的是患有这种病症的人数多到令人吃惊，但这些人却有着非常高的智商数值。最终他们要发挥其他特长来弥补自己的这项不足，而且他们常常能够做到常人无法完成的事情。他们依靠后天所做的努力而取得杰出的成就，这些人在商业世界取得辉煌成绩的例子比比皆是。下面就列举出十位与某类学习障碍症抗争但仍在他们生命中取得重要成绩的人士——相信我，做出成绩的人数远比这个名单中记录的要多得多。他们扮演了鼓手的角色，当富有韵律的鼓声响起时，成绩同样出色[1]。

1　信息收集自 www.schwablearning.org。

1. 查尔斯·施瓦布（Charles Schwab,1937— ）

施瓦布是查尔斯·施瓦布有限公司的创始人和主席，这家公司主要从事投资活动并且提供金融服务。1975年他在证券领域首先提出了折扣经纪商这一概念。你很有可能已经在施瓦布的一些广告中见过他的照片了。他患有阅读障碍症，并且认为因患有此种疾病让他在思维上能够不受常规理念的束缚。在他儿子查出此种病症后，他才确认自己也有相同的问题。他给予了那些学习障碍人士强有力的支持，他坚信这种病症最难解决的问题是，如果在患病初期不能给予孩子们适当的教育干预的话，那么孩子的自尊会因此受到影响。1989年施瓦布和他的妻子海伦（Helen）一同创立了施瓦布学习基金会，这是一家非营利性机构，宗旨在于帮助有着学习和不能集中精力问题的孩子们，在一种能够获得认可、尊重以及支持每个孩子不同特性的环境下，过上舒心和有所作为的生活。

2. 理查德·布兰森（Richard Branson,1950— ）

维京公司的创始人布兰森是一位活力非凡的人，但他也患有阅读障碍症。这位企业家在八岁的时候仍然不能阅读书籍。布兰森这样评论自己的这段经历：“因为在学校糟糕的表现而且老记错黑斯廷斯战役的时间，每1—2个星期我就得挨顿揍。”他经营的公司生意范围较为广泛，其中包括维京唱片公司以及维京航空公司。因为他在商业领域所做出的成就，1999年他被受封为爵士。2004年9月，他宣布建立推广太空旅游的维京银河公司。

3. 阿尔伯特·爱因斯坦（Albert Einstein,1879—1955）

因提出相对论理论而一举成名的爱因斯坦在小学时得到的老师评语是懒惰和思维缓慢。他是全球顶尖的物理学家之一，而且还是一位核物理学家，对一些间接影响我们日常生活的复杂科学原理做了说明。他的研究以及科学发现对更深层次的科学研究带来了启迪作用，帮助我们理解所生活世界的物理特性。

4. 克雷格·麦考（Craig Mccaw,1949—）

你可能不会马上想起这个人，但如果你有一部手机的话，麦考就是为你生产这部手机的人。这位亿万富翁建立起一家非常成功的光缆企业，随后他又开展起手机业务，并成立了麦考手机公司，这家公司之后被他卖给了AT&T公司，而且从中获得了高额利润。他年轻时期也曾和朗读障碍症做过抗争，最终凭借自己的毅力战胜了病症，从斯坦福大学毕业，成为了一位成功的企业家。

5. 路易斯·巴斯德（Louis Pasteur,1822—1895）

巴斯德是位成绩显著的科学家，在化学和制药领域不断进取，极大地改善了人类的生活和医疗行业水平。巴斯德患有阅读和书写障碍症。他对科学理论与实验做出了巨大贡献，其中就包括以他名字命名的巴斯德式杀菌法。

6. 汤米·希尔费格（Tommy Hilfiger,1951—）

凭借艺术风格的男装出名并且获奖无数的设计师希尔费格认为自己的学习生涯完全是在苦苦挣扎。“我在学校的表现糟糕透了，因为自己患有阅读障碍症被看作是个笨蛋。我现在读书仍然有困难。”他在时尚设计圈中建立起一个名声响亮的品牌。

7. 威尔伯·怀特（Wilbur Wright,1867—1912）

怀特和哥哥奥威尔（Orville）发明并成功建造了第一架飞机。他们首飞地选在了北卡莱罗纳的基蒂霍克，试飞活动使飞机制造业进入了全新时代，并且成为了最为重要的一种交通载体。威尔伯·怀特也患有阅读障碍症。

8. 沃特・迪斯尼（Walt Disney,1901—1966）

迪斯尼在职业生涯初期是一位自由漫画家和插画家，创造了米老鼠这个卡通形象。当帮自己女儿荡秋千的时候，他常常考虑建立一个娱乐性主题公园的可能性，这样孩子和大人可以全家一起在主题公园里度过欢乐时光。虽然身患阅读障碍症，但迪斯尼曾 29 次获得奥斯卡奖，在 1955 年创办迪斯尼乐园，并建立了世界上最大的家庭娱乐帝国。

9. 保罗・奥法里（Paul Orfalea,1948—）

这位金考复印中心的创始人患有严重的阅读障碍症，到七年级时基本上无法进行阅读。尽管在单词拼写和阅读方面进行了最大努力的抗争，他还是在北卡莱罗纳上了大学，并以每月 100 美元的价格租下了一个车库，开了一家复印店为大学生提供服务。公司发展得很快，最终壮大起来，取名金考公司，最近和国际大公司联邦快递公司进行了合并。

10. 约翰・钱伯斯（John Chambers,1949—）

钱伯斯是思科系统公司的主席和首席执行官。思科公司生产了世界上 80% 左右的路由器，网络信息通过它们才得以传递。钱伯斯的老家在西弗吉尼亚州的查尔斯顿，父母都是医生。虽然患有阅读障碍症，他仍以全班第二名的成绩从高中毕业。通过刻苦学习以及辅导，他顽强地战胜了学习障碍症。直至今日，他仍不喜欢文字冗长的备忘录，而更倾向于口头交流。他几乎能一字不差地背下演讲文稿，而且在观众面前像传教士一般进行着生动的演讲。

第六章　总统商人的奇闻逸事

有着各种教育和职业背景的总统对美国的经济和大型企业有着种种影响。你可能不知道他们中的大多数在成为总统前都和商业有着千丝万缕的联系。下面就是一些有着这种背景的总统[1]。

1. 哈里 · S. 杜鲁门（Harry S. Truman,1884—1972）

1884 年哈里 · 杜鲁门出生在密苏里州的一个小镇上。成年后他在密苏里当起了农民，在 12 年里生活非常富足。从"一战"战场归来后，他结了婚并且在堪萨斯城里开了一家男装店。1922 年密苏里州经济陷入了衰退。这段时期内商业上的失败促使他考虑在政治领域谋求一份全职工作。

1　信息收集于 www.whitehouse.gov。

2. 安德鲁·杰克逊（Andrew Jackson,1767—1845）

杰克逊 1767 年生于卡罗莱纳州的边远地区。成长过程中的他在不同年龄段和地点接受过各种教育。成年之前他开始学习法律，并在田纳西州成为了一名律师。他的一些业余爱好并不是特别的高尚。他对赛马项目颇有心得，算得上是位成功的赌徒。直到他成为了美军的将军后才又重新开始从事土地投机的买卖。

3. 赫伯特·胡佛（Herbert Hoover,1874—1964）

胡佛 1874 年生于爱荷华州，在俄勒冈长大，是首位出生自密西西比河以西的美国总统。1891 年作为首批新生，他在斯坦福大学上学。胡佛毕业后成为了采矿工程师，在矿产咨询公司从事过不同工作，尤其是还在中国工作过。这段经历促使他投资了采矿业。由于生意上的精打细算，到 1908 年胡佛每年收益将近十万美元。

4. 乔治·W. 布什（1946—）

据说布什是第一位拥有 MBA 学位的总统。1968 年从耶鲁大学毕业后，他在 1975 年获得了哈佛大学商学院的工商管理硕士学位。这之后他回到了得克萨斯州的米德兰，从事能源生意。1989 年他与一些合伙人一道买下了德克萨斯流浪者橄榄球队的经营权。布什一直是德克萨斯流浪者队的一名普通管理合伙人，直至 1994 年 11 月 8 日当选为德克萨斯州长。

5. 托马斯・杰斐逊（Thomas Jefferson,1743—1826）

杰斐逊是位不折不扣的企业家。尽管他因在任期内推崇自由与民主而大名鼎鼎，他还是继承了他父亲的 5,000 英亩的土地，成为了奴隶主。在成为总统前，他曾是位律师、种植园主以及测绘员。虽然他除了这些兴趣爱好外还追求其他商业利益，但他却总是债务累累。

6. 乔治・H.W. 布什（1924—）

从耶鲁大学毕业后，老布什投身西得克萨斯州的石油行业。他是得克萨斯州奥德萨市德雷色工业公司的一名油田供应销售员。这位日后的总统有很强的事业心，开办了自己的石油钻探公司。公司在 1954 年和扎帕塔外海公司进行了合并，最终令老布什成为了百万富翁。

7. 吉米 · 卡特（Jimmy Carter,1924— ）

吉米·卡特离开乔治亚州普莱恩斯的花生田，在海军做了七年的海军军官。退伍后他回到了普莱恩斯成为了一名种植花生的农民而且拥有一家仓库。他父亲建立起家族花生生意，随后慢慢把业务范围扩展到商品经纪服务、杂货店和一些其他生意上。卡特的管理经验为日后建立和运营著名的非营利机构，例如卡特中心和人类家园国际组织等起到了帮助作用。《时代杂志》一篇文章称他为“自赫伯特·胡佛以来最好的美国前总统。”

8. 伍德罗 · 威尔逊（1856—1924）

威尔逊受过良好的教育，分别念过普林斯顿大学以及弗吉尼亚大学法学院。他做过的众多工作之一是当过一家小型企业主。他当时和一个朋友尝试着在乔治亚州的亚特兰大成立一家律师事务所，但是因为没什么生意，所以根本付不起房租。之后他在约翰·霍普金斯大学获得了博士学位，在学术圈谋得了一份工作，并最终入主白宫。

9. 米勒德 · 菲尔莫尔（Millard Fillmore,1800—1874）

菲尔莫尔来自纽约五指湖区，在过去这里是穷乡僻壤。

少年时期他在家庭农场工作，15 岁时他成为了布料生产商的学徒。他后来进修了法律，并于 1823 年取得了律师资格。菲尔莫尔在成为总统前，实际上是位契约佣工，只有两位总统曾经做过这样的工作［另一位是安德鲁·约翰逊（Andrew Johnson）］。

10. 安德鲁·约翰逊（1808—1875）

约翰逊在北卡莱罗纳州较为贫困的罗利市长大。和菲尔莫尔一样，约翰逊孩童时期也给一位裁缝做过学徒。之后他离家出走，在进入政界之前，在位于田纳西州的格林维尔开了一家裁缝店。

第七章　纸牌高手

若干年前，在20世纪80年代经济激进的岁月中，没有一家公司躲过冲击、收购或是被完完全全地剥削的命运。有一本叫作《说谎者的扑克牌》的书，此书对华尔街狗咬狗的文化现象做出解读，用大量的篇幅叙述了那些贪婪基因中体现出的人性。

说上去有点夸张，但纸牌游戏对那些举止优雅的投资客或商人来说是一种完美的方法，能磨炼自己的判断力和增强风险意识。下面就列举了一些纸牌玩家，他们把自己拥有这些能力归功于纸牌的功效。

1. 比尔·盖茨（1955—）

这位微软公司的创始人据说对桥牌有着极大热情。他的投资伙伴沃伦·巴菲特也是狂热的桥牌玩家，传说盖茨和巴菲特不止一次相约，参加 24 小时不间断的合约桥牌比赛。

2. 沃伦·巴菲特（1930—）

巴菲特一直吹嘘自己热爱简单的事物，比如一顿牛排晚餐、法雷尔冰淇淋店或是 DQ 的冰淇淋；他购买下了 DQ 冰淇淋大部分的股票。他的标志是用严肃、系统的方法进行价值投资，这是他从哥伦比亚大学商学院的教授们那里学到的。他还信奉购买自己了解的企业的一部分；而且还必须得是他自己看得上眼的公司。听上去他不太像是个纸牌高手，但巴菲特喜爱桥牌游戏过程中技巧的应用和抽牌时的运气，他对这些事情持有很高的热情。

3. 马尔科姆·福布斯（Malcolm Forbes,1919—1990）

史蒂夫·福布斯（Steve Forbes）之父。马尔科姆常常被看见骑着哈雷摩托车或是把玩自己一系列精致彩绘的景泰蓝蛋。但他还有一个不常引起人注意的喜好。他自己玩桥牌游戏而且还推荐别人玩，因为这项游戏能够增强意志。

4. 休·赫夫纳（Hugh Hefner,1926—）

20 世纪 50 年代初期，志向高远的卡通画家赫夫纳创办了大获成功的杂志《花花公子》。赫夫纳把自己装扮成艺人和玩弄女人的公子哥的形象。他常常穿着吸烟的长袍，两只胳膊上分别站着一只颜色艳丽的八哥。隐藏在这副形象背后的是一位头脑精明的商业竞争者，热衷桥牌游戏，而且喜欢为了测试自己的能力而玩牌。

5. 劳伦斯·蒂希（Laurence Tisch,1923—2003）

他是蒂希酒店的创始人，后来大举进行公司收购，例如罗瑞拉德烟草公司、宝路华钟表公司、洛丝保险公司以及哥伦比亚广播公司。这位商业大亨出身卑微，来自布鲁克林区的本森赫斯特，他也是一位热衷桥牌的玩家。

6. 杰克·德莱弗斯（Jack Dreyfus,1913— ）

这位在金融圈名声显赫的人就是德莱弗斯基金会的创始人。像许多华尔街人士一样，他也对桥牌这种竞争性较强的运动有着强烈的兴趣。人送绰号“华尔街的狮子”的德莱弗斯 28 岁时就获得了参加桥牌大师赛的资格。30 岁时他发明了一种较科学的玩法玩金拉米纸牌，一些顶级玩家都成为了他的手下败将。多年以来德莱弗斯被认为是美国金拉米纸牌游戏的最佳玩家。

7. 杰克 · 韦尔奇（Jack Welch,1935—）

这位精力充沛的人让GE公司成为了美国国内生产总值、美国经济和股市保持稳定的定海神针。韦尔奇是位性格活跃的爱尔兰人，来自波士顿郊区。他克服了自己的演讲口吃症，而且当他和母亲一起玩曲棍球和金拉米纸牌游戏时总是求胜心切。

8. 乔治 · 索罗斯（1930—）

索罗斯曾是一位贫穷的移民，他学会了股市投资的细节，一跃成为身价亿万的投资大鳄。索罗斯演讲时，听众们不仅会倾听演讲内容，还会对他进行观察，希望自己的钱没有白花。这位匈牙利移民的家庭逃脱了纳粹的大屠杀，通过投机活动开始了获利颇丰的职业生涯。难怪索罗斯会在令他成为亿万富翁的竞赛中如此轻松——因为他深谙何时持牌何时出牌。索罗斯是一位对扑克牌兴趣浓厚的玩家。

9. 卡尔 · 伊坎（Carl Lcahn,1936—）

数十年来他一直被认作是最险恶的美国企业狙击手之一。伊坎和其他风险承担者一样都喜欢在业余时间打扑克。

这位通过自身奋斗成为亿万富翁的商人曾经攻击过许多像美国钢铁公司、德州钢铁公司以及环球航空公司这样的大公司。虽然众人对他厚颜无耻的投机行为颇有微词，但伊坎似乎从扑克桌边学到了很多，让他在下赌注的这门艺术中做好了充分的准备。

10. 萨姆 · 沃克萨尔（Sam Waksal,1949— ）

并不是所有的扑克玩家都会赢牌。萨姆 · 沃克萨尔当然不是这样。但他更倾向输掉的是扑克比赛而不是他的公司——英克隆，据说公司因为内线交易而走下坡路。因这些信息获得好处的正是家政女王玛莎 · 斯图尔特（Martha Stewart）。混乱的状况引发了众多争议，也使斯图尔特和沃克萨尔同时入狱。

第八章　当心球

高尔夫球可能是美国公司会议室里的标准运动项目。要是许多生意交易在高尔夫球场上达成的话，那么和这些公司的首席执行官打球的时候就要多留心了。《高尔夫文摘》这本杂志每两年会对总裁打高尔夫球时的差点进行点评。高尔夫超级巨星的沉浮也令这份名单不断变化。据说总裁高尔夫比赛的举行会促进公司业绩的增长。不论这些是否属实，下面列举出一些球技不错的总裁，他们的差点在整个圈子中比较低[1]。

1　差点记录取自2000年3月出版的《高尔夫文摘》以及www.surferess.com/ceo。

1. 斯科特 · G. 麦克尼利（Scott G.Mcnealy），太阳微系统公司

差点：3.3

这家公司成立了 20 年有余，发明了计算机工作站系统。现如今这家公司在网络产品、服务终端、工作站电脑以及存储产品等方面走在最前沿。麦克尼利运营公司就像他打高尔夫球一样，因为他显然是最好的球手之一。

2. 罗伯特 · D. 沃尔特（Robert D.Walter），康德乐医疗公司

差点：3.6

如果打高尔夫有益健康的话，那么罗伯特 · 沃尔特就是因高尔夫而身体强健的例子。这家公司是制药以及保健产品领域的批发商，业务对象包括药店以及医院。

3. 爱德华 · A. 布莱希施米特（Edward A.Blechschmidt），奥尔森公司

差点：3.9

爱德华 · 布莱希施米特是奥尔森公司里高尔夫打得最好的人，奥尔森公司是一家全球性人力资源公司，向不同劳动

力市场提供服务。他把高尔夫运动中的策略借鉴到了管理自己公司和职业介绍行业中来。

4. 威廉姆 · 迪拉德（William Dillard）二世，迪拉德公司

差点：4.0

打高尔夫的习惯是需要家族传承的，就像威廉姆 · 迪拉德家族生意一样。今天的迪拉德百货公司是 1938 年由威廉姆 · 迪拉德创建的一家百货店发展而成的。60 年后，这家公司在 29 个州经营着 337 家传统形式的百货商店。如果在这家公司出售的服装系列中见到高尔夫球服装的话，一定不要惊讶。

5. 理查德 · A. 斯奈尔（Richard A. Snell），辉门公司

差点：4.3

他们没有把汽车开上高尔夫球场，但这并不妨碍理查德 · 斯奈尔具有成绩较好的差点记录。辉门公司是一家汽车零配件和子系统的全球供应商，为世界上传统设备生产商以及汽车修理行业提供服务。

6. 保罗·B. 菲尔曼（Paul B. Fireman），锐步国际体育公司

差点：5.1

你可能一直认为那些顶级高尔夫球选手都会来自体育行业相关的公司。那么作为锐步国际体育公司的总裁，保罗·菲尔曼则印证了大家的这些想法。公司历史可以追溯到1890年，现在是全球位居第二的体育经销商，生意范围包括体育、健身、休闲运动鞋、服装以及健身器材等（一些地区产品系列中还会包括高尔夫球鞋）。不知是不是这些生意令保罗·菲尔曼在球场上战无不胜。但因保罗5.1分的差点，锐步公司可以宣称自己公司里有着一位高尔夫球方面的专家。

7. 乔尔·W. 约翰逊（Joel W.Johnson），荷美尔食品公司

差点：5.3

乔治·荷美尔（George Hormel）1891年建立荷美尔食品公司时可能永远也不会想到他的公司有朝一日会由一位顶尖高尔夫选手掌舵。乔尔·约翰逊不打球的时候管理这家公司，产品范围从罐装辣椒到真空包装大香肠。他非常懂得如何公

私兼顾，把赛场上争取胜利的努力劲头也带到了工作中。

8. L. 菲利普 · 许曼
(L.Phillip Humann)，太阳信托银行

差点：6.0

菲利普 · 许曼不仅对太阳信托银行寄予信赖，对四人沙丘比赛也如此，因为他高尔夫打得十分出色。许多银行家都想进入高尔夫球圈子，但是并不是所有人都能进入成绩前十的排名。许曼似乎是位不会困在高尔夫长草区的荣誉高尔夫银行家。

9. 查尔斯 · R. 施瓦布
(Charles R. Schwab)，嘉信理财公司

差点：6.1

许多金融家似乎都是一流的高尔夫球手。在许多主流金融杂志中登载的共有基金广告中都能见到一个笑脸，他就是查尔斯 · 施瓦布，他也同样是一位高尔夫球手。施瓦布和许曼的差点加在一起的话，你就会对整个金融服务业有所了解，因为他们是由商业美国差点较低的高尔夫大师掌舵的。

10. 埃德加 · R. 布鲁克斯（Edgar R. Brooks）

差点：6.3

20世纪90年代末期在和美国电力公司合并前，埃德加·布鲁克斯每天的工作就是把能量分别输送到民用与商用的电力管线中去。在高尔夫球场上，他把自己的精力放在击球上，在众多一流总裁高尔夫手中获得差点分数的第一名。

第九章　非洲裔美国企业家的兴起

尽管困难重重，许多非洲裔美国人在生意上取得了初步进展，而且这股精神一直传承到21世纪。美国黑人企业家的后裔们成立并且光大了一些美国人日常生活中不可或缺的企业和商业机构。

1. 布克·T. 华盛顿（Bookey T. Washington,1856—1915）

1856年4月5日，华盛顿出生在一个207英亩大小的奴隶制烟草农场里。弗吉尼亚州皮特蒙特地区奴隶的生活现实，非洲裔美国人对教育与平等条件的渴求，以及战后对参与政治所做出的抗争等条件综合到一起对布克·华盛顿的选择有着重要的影响。1881年他创建了亚拉巴马州的塔斯基吉学院，随后成为了一名身份显赫和负有争议的领袖，那时的美国种族主义盛行，这意味着对非洲裔美国人进入了合法化镇压的时期。

2. 罗伯特·S. 艾博特（Robert S. Abbott,1868—1940）

艾博特是《芝加哥卫报》的创始人，这份芝加哥报纸报道了世纪之交时非洲裔美国人的生活。《芝加哥卫报》1905年5月5日第一次面世。1912年这份报纸开始在报亭出售。艾博特最后卖掉了自己的报纸。

3. 小亨利·格林·帕克斯（Henry Green Parks,1916—1989）

1951年小亨利·格林·帕克斯，一位非洲裔美国人，创建了帕克斯香肠公司。四年后公司播出了一条电视广告“妈妈，我还想吃帕克斯香肠”。公司设在巴尔的摩，1961年帕克斯香肠公司成为了美国第一家黑人上市公司。

4. 沃利·阿莫斯（Wally Amos,1936—）

作为阿莫斯巧克力饼干公司的创始人，阿莫斯因为制作出人尽皆爱的饼干而闻名于世。他在著名的威廉姆·莫瑞斯公司做星探的时候，开始制作尺寸刚好一口吞下的饼干，这种饼干成为他的名片。朋友们和客户都建议他出售这种饼干，1975 年他在位于好莱坞的日落大道上创立了阿莫斯饼干公司，并租用了一家店铺。公司很快成为了一家年收入 1,000 万美元的公司。

5. 约翰·哈罗德·约翰逊
(John Harold Johnson,1918—)

约翰逊曾是自己学校报纸的执行编辑，高中时担任过《高中年鉴》一书的商务经理。约翰逊后来到芝加哥大学和西北大学求学。毕业后他产生了给非洲裔美国人创建一本杂志的想法，1942 年他用 500 美元贷款创办了《黑人文摘》杂志。之后他还创办了《乌木》等其他杂志，其中就包括《黑玉》杂志。公司规模随之扩大，成立了约翰逊出版发行公司，业务范围包括书籍、电台广播以及化妆品生产等。

6. 塞缪尔·弗朗西斯（Samuel Fraunces 1722—1795）

弗朗西斯是 18 世纪末期纽约城的一位自由黑人商人。他在曼哈顿南边地区经营了一家小客栈长达 23 年。1768 年纽约商会在弗朗西斯的小客栈里成立，这栋三层小楼后来成为了自由之子爱国组织的会面地点，他们调动民众情绪，为即将到来的反抗英国政府统治的革命做了准备工作。这家小客栈今天仍然存在，位于纽约城布罗德街和珍珠街的拐角处，是当地一处重要的历史遗址。

7. 保罗·卡夫（Paul Cuffe,1759—1817）

十岁时被当作奴隶送到了马萨诸塞州，卡夫通过自己的努力成为了一名手艺地道的木匠，并且在支付给奴隶主一笔赎金后获得了自由。随着美国大革命的爆发，他和自己的兄弟建造了一艘船，开始运送供给品。他的小本生意逐渐成长，拥有了自己的商船舰队和一个造船厂。他因此成为了美国最富有的人之一。

8. 乔治·E. 约翰逊（George E. Johnson,1927— ）

作为一个佃农的孩子，约翰逊出身非常卑微。他在餐馆打过工，擦过皮鞋还捡过瓶子，让自己温饱。1954 年他来到了一家黑人开办的化妆品公司打工。由于他妻子的帮助，他开始生产护发产品，在自己汽车的后备厢开始了自己的经商生涯。约翰逊生产的产品在美容行业被公认为具有创新性。1971 年他的公司成为第一家在美国证交所上市的非洲裔黑人公司。

9. H.C. 海恩斯（H.C.Haynes）

如果形式决定功能的话，那么海恩斯则验证了这个事实。当他还是理发师学徒的时候，海恩斯发现他需要反复打磨剃须刀。他用了条放置在椅子右手侧的皮带来磨刀。1899年这位理发师/发明家发明了“磨刀皮带”。他卖掉了自己的发明，并且获得了丰厚的酬金。

10. 唐·科尼利厄斯（Don Cornelius,1936—）

1967年科尼利厄斯找到了一份芝加哥广播电台WVON节目新闻主播的工作，这家电台是最受欢迎的黑人广播电台之一。后来他把目光投向了电视和影视制作，他随之产生了为黑人制作舞蹈节目的想法。科尼利厄斯成为了每周播出一次的“灵魂列车”节目的创始人和执行制作人。这个节目1970年在芝加哥第一次播出，并且成为了历史上播出时间最长的一档电视节目。

第十章　如果在这里能够获得成功，其他地方也可以

虽然历史上已经出现过许多任财政部部长了，但是通往这个职位的途径却是多种多样的。他们中的一些人是大学教授、军队长官、企业主或是经理。听起来可能有些奇怪，但是他们每个人都和纽约有着关联，这一点是不容置疑的。下面列举了十位在纽约有过经商史的财政部长[1]。

1. 小亨利·摩根索（Henry Morgenthau,1891—1976）

摩根索在富兰克林·罗斯福（Franklin Roosevelt）总统任期内担任过财政部长一职，任职时间从 1934 年 1 月 1 日

1　信息收集自 www.treas.com。

起至1945年7月22日结束。摩根索曾在纽约州旁的达切斯郡购买过一处农场，他在农场挤过牛奶，种过苹果树。在他被委派为时任州长的罗斯福工作之前，摩根索曾经出版过《美国农学家》一书。

2. 奥格登 · L. 米尔斯（Ogden L.Mills,1884—1937）

米尔斯在赫伯特·胡佛总统任期内担任过财政部长一职，任职时间从1932年2月13日起至1933年3月4日结束。米尔斯是位坚定的共和党人，成为财长前的八年时间里他曾担任过纽约共和党委员会的财务主管。在20年前的国会选举中败北后，他仍旧保持了自己的政治追求，并于1914年当选纽约州参议员。同时他也没有放弃自己对国会议员席位的追求。1921年他终于在纽约地区国会竞选中胜出并连任三届。1932年当他做出一系列出色成绩后被任命为财政部部长。

3. 亚历山大 · 汉密尔顿（Alexander Hamilton,1757—1804）

身为美国第一任财政部长，汉密尔顿在美国开国之父乔治·华盛顿总统任内担任财政部长一职，任职时间从1789年9月11日起至1795年1月31日结束。他参加过大陆会议，

25 岁时在纽约开办了自己的律师事务所。成为财政部长前，他曾在纽约州立法机构工作，并于 1787 年出席了费城会议。

4. 约翰 · A. 迪克斯（John A.Dix,1798—1879）

迪克斯在总统詹姆斯 · 布坎南任内担任财政部长一职，任职时间从 1861 年 1 月 15 日起至 1861 年 3 月 6 日结束。迪克斯在纽约州有过工作经历，曾做过纽约州议员以及邮政局长。

5. 约翰 · 谢尔曼（John Sherman,1823—1900）

谢尔曼在卢瑟福 · B. 海耶斯总统任内担任财政部长一职，任职时间从 1877 年 3 月 10 日起至 1881 年 3 月 3 日结束。谢尔曼出生于纽约的尤蒂卡市，在他家 11 个孩子中排行第八。他参与了赎回金票的公共政策辩论，并且成功平息了那些想用金票换回等值黄金的票据持有人心中的愤怒。纽约商会因为谢尔曼在这件事上的出色表现而请求在商会墙上挂上他的油画画像。只有谢尔曼和亚历山大 · 汉密尔顿两人享有这种荣誉。

6. C. 道格拉斯 · 狄龙（C.Douglas Dillon,1909—2003）

狄龙分别在约翰 · F. 肯尼迪（John F.Kennedy）以及林

登 · B. 约翰逊（ Lyndon B. Johnson ）总统任内担任财政部长一职，任职时间从 1961 年 1 月 21 日起至 1965 年 4 月 1 日结束。在出任财政部长前，他曾于 1938 年出任德威有限公司的董事，这家公司由他父亲创建。后来他当选董事会主席。从政之前，他就已经成为一位国际知名的投资银行家。他 22 岁时拥有了纽约证交所会员资格。

7. 威廉姆 · E. 西蒙（ William E. Simon,1927—2000 ）

西蒙在理查德 · M. 尼克松（ Richard M.Nixon ）以及杰拉德 ·R. 福特（ Gerald R.Ford ）总统任内担任财政部长，任职时间从 1974 年 5 月 8 日起至 1977 年 1 月 20 日结束。西蒙生于纽约城外新泽西州的帕特森，他的父亲是一位保险公司总裁。他做过投资工作而且在联邦证券公司工作过。后来他一路打拼成为了威登公司的主席。他最终成为纽约索罗门兄弟公司的高级合伙人，掌管政府与市政债券部门。

8. 唐纳德 · T. 里根（ Donald T. Regan,1918—2003 ）

唐纳德 · 里根曾出任罗纳德 · 里根（ Ronald Reagan ）总统政府中财政部长一职，任职时间从 1981 年 1 月 22 日起至 1985 年 1 月 1 日结束。唐纳德 · 里根是一位杰出的商业领袖，曾经做过美林公司的主席和首席执行官。他从纽约美林公司的贸易部门做起，一直升任到现在的职位。他还在美林设在费城的公司以及公司行政部门担任过别的职务，最终坐上了主席的位置。

9. 尼古拉斯 · F. 布拉德利（Nicholas F. Brady,1930—）

布拉德利分别在罗纳德 · 里根以及乔治 · H.W. 布什总统任内担任过财政部长，任职时间从 1988 年 9 月 15 日起至 1993 年 1 月 17 日结束。布拉德利 1930 年 4 月 11 日生于纽约城。像其他财政部长一样，布拉德利也曾在狄龙公司工作过，并最终成为董事会主席。他还是名声显赫的纽约经济俱乐部的成员。

10. 罗伯特 · E. 鲁宾（Robert E. Rubin,1938—）

鲁宾是比尔 · 克林顿总统（Bill Clinton）任内的财政部长，任职时间从 1995 年 1 月 10 日起至 1999 年 7 月 2 日结束。鲁宾和他众多前任财政部长一样也曾在华尔街摸爬滚打，而且和纽约有着关联。在加入佳利律师事务所成为一名律师之前，鲁宾是几家设在纽约的公司和组织的董事会成员。后来他在纽约的高盛公司工作了 26 年，最后成为该公司的合伙人。

第十一章　生活艰辛

生活至少对孤女安妮（Annie）[1]来说是异常艰辛的。但对那些从小就和亲生父母分别的孩子们来说，遇到一个宅心仁厚的家庭接受他们，令他们生活面貌一新的事情是个极好的消息。我们身边有很多的被收养的孩子们和孤儿们，我们对他们的处境经常一无所知。在商业世界中，许多叱咤风云的人物都曾是被收养的孩子。下面就是有着这种出身的人物[2]。

1. 汤姆·莫纳汉（1937—），多米诺比萨

莫纳汉四岁时，父亲就在圣诞前夜去世了。由于无法照料自己的孩子，他的母亲只能把他们送人收养。在被收养前，

1　美国画家格雷（Harold Gray）创作的《孤女安妮》漫画主角。
2　信息收自于 www.ivillage.com。

莫纳汉和哥哥在密歇根州的天主教孤儿院和劳教农场度过了他们的童年。

2. 比尔·克林顿（1946— ），第 42 届美国总统

他对商业历史起到了塑造作用么？嗯，在他任内，我们经历了历史上牛市最长的一段时期。克林顿之前的名字是比利·布莱斯（Billy Blythe），直到他四岁被他继父罗杰·克林顿（Roger Clinton）收养后才改了名字。他长大后成绩非常出色，后来竟鬼使神差地当上了美国总统。不知是否和被收养的经历有关，克林顿一直被描绘成懂得掌控时局以避免拒绝或是谴责。他做总统的那段经历帮助他挺过了丑闻风波。

3. 戴夫·托马斯（Dave Thomas,1932—2002），温蒂汉堡公司

六周大的时候托马斯就被收养了，因此他是收养行为的主要支持者。他把收养当作自己的事业，建立了戴夫·托马斯收养基金会，并给许多企业主书写了呼吁书，希望能够说服他们在员工福利计划中为收养提供帮助。他同时呼吁政府立法促进寄养制度，保证收养不会成为负担。

4. 安迪·柏林（Andy Berlin,1950— ），GSP 公司

柏林很小的时候就被收养了。他在宾夕法尼亚州的杰曼镇中学上学，在学校他踢过足球，写过获奖的散文与诗歌。他时常感到自己与众不同，甚至把自己的父母想象成为火星人。他的身世为他从事创意行业打下了基础，他做过广告撰稿人，后来成为了一位企业家，建立了自己的 GSP 广告公司。

5. 史蒂夫·乔布斯（Steve Jobs,1955—2011），苹果电脑公司和皮克斯动画公司

他常被人冠上狂妄傲慢、自大之名，在众多青年企业家当中是位坚定的叛逆者。但他所获得的成功确实不容置疑的。乔布斯婴儿时被加利福尼亚北部的机械师所收养。从他的“家酿计算机俱乐部”开始，乔布斯把一系列的想法和技术转化成了高级计划。苹果电脑公司在他的车库里诞生了。

6. 拉里·埃里森（Larry Ellison,1944— ），甲骨文公司

他同乔布斯一起被冠上傲慢、浮夸、自大等标签，但他也是一位成功的科技业领袖。埃里森也被收养过，但许多相

关细节并不为人知。他是美洲最富有的人物之一，作为甲骨文公司首席执行官的他住在一栋价值4,000万美元的房屋中，他还是位有名的游艇爱好者，还拥有一架战斗机。

7. 凯文·格里菲斯（Calvin Griffith,1911—1999），明尼苏达双城队

生在蒙特利尔的他原名凯文·罗伯森（Calvin Robertson），是明尼苏达双城队的前老板，他把一生都献给了棒球事业。1960 年他把华盛顿参议员棒球队迁往了明尼苏达，并取得对这支队伍的经营权。1924 至 1925 年，格里菲斯做了华盛顿参议员队的球童，踏上了职业旅途。他的叔叔克拉克·格里菲斯（Clark Griffith），队伍中入主名人堂的投球手，成为了他的养父。

8. 乔·盛赛尔（Joe Senser,1956—），餐饮企业家

盛赛尔在米尔顿·赫尔希孤儿院长大，后来为宾夕法尼亚州的西切斯特大学的篮球队和足球队效力。1979 年他被明尼苏达维京人队通过选秀招到麾下，一直效力到 1984 年。他现在拥有许多餐厅，包括乔·盛赛尔运动休闲餐吧，在明尼苏达各地都有连锁店。他后来还成立了男童宿舍，为那些和生父母离开的孩子们提供住处。

9. 保罗・迈纳斯（Paul Myners,1948—），加特莫尔投资管理公司

迈纳斯在英格兰康沃尔的一家孤儿院长大。后来他被收养，长大后成为了一名教师。但这份工作他没有做太久，不久后他就下海经商了。他升职后成为英国加特莫尔投资管理公司的主席，一直做到 2001 年退休。他现在是卫报传媒集团的主席，卫报集团是英国一家专业报纸出版商。他还是一些公司董事会成员。

10. 乔治・弗朗西斯・崔恩（George Francis Train, 1829—1904），铁路企业家

崔恩身份众多，他是一位作家、演讲家以及商人。他四岁时，父母和兄弟姐妹都死于黄热病，居住在新英格兰地区的祖母收养了他。他年轻时是位非常成功的商人、航运界巨头，而且在澳洲开办了自己的买卖。值得注意的是他将有轨电车介绍到了伦敦和其他的欧洲城市，并且为铺设跨大洲铁路提供了资金帮助。作为发烧级旅行爱好者，崔恩的经历给儒勒·凡尔纳（Jules Verne）的小说《环游地球 80 天》提供了灵感。

第十二章　家族企业

家庭是美国社会构成的基石。说到美国企业，家庭已经成为家族式小企业不可或缺的组成部分。现在我们常常会听到大型连锁企业挤垮了小型企业，其实人们不知道的是这些大型企业中的一些都是从家庭作坊式的企业起家的。下面列举出了十家大型家族式企业，家庭成员对公司进行控制以及管理，这一管理模式证明了即使生意规模再小也能成就大事[1]。

1. 沃尔玛商店（成立于 1962 年）

沃尔顿一家在阿肯色州的本顿维尔创建了这家折扣零售商店。在 20 世纪 60 年代他们虽然起点较低，但现在公司在

1　信息收集于 http://familybusinessmagazine.com/top150.html。

世界各地许多购物中心开设了分店。

2. 福特汽车公司（成立于 1903 年）

在福特公司，品质是头等大事——至少在公司早期广告宣传中是这样表述的。在密歇根州的迪尔伯恩，汽车作为马匹以及轻型马车的替代品而登上历史舞台，汽车制造业也开始崭露头角。经历了四代人的时间之后，汽车文化发展壮大，并给消费者带来了诸如马自达、沃尔沃、路虎、阿斯顿马丁以及捷豹等汽车品牌。

3. 嘉吉公司（成立于 1865 年）

这家公司虽然不像其他家族企业那样家喻户晓，但它却是世界上最大的日用品经销商——例如经销粮食。嘉吉 / 麦克米兰家族在明尼苏达州的明尼波里斯创建了嘉吉公司。日用品生意大有作为，嘉吉公司证明了这一点。下次再吃全麦燕麦片的时候可以想想这句话。

4. 美国国际公司（成立于 1926 年）

很有可能这是另外一家你没有听说过的公司，但久居纽约的格林伯格家族于 1926 年成立了这家保险公司。AIG（美国国际公司简称）服务项目涵盖人寿保险、退休账户管理以及飞机租赁等业务。公司因为敢于承接他人不敢接手的风险生意，收入超过400亿美元，因此令公司的座右铭“我们懂得金钱”名副其实。

5. 科式工业集团（成立于1918年）

石油、天然气和农业是对日常生活影响重大的行业。它们同样是缔造科式工业集团的重要元素。这个家族企业成立于堪萨斯州的威奇托。

6. 洛斯有限公司（成立于1919年）

如果你曾在洛斯电影院看过一场电影的话，那么你一定要记住这家电影院也是有着家族背景的企业。身居纽约的蒂施家族成立了洛斯公司，此外还经营酒店、剧院甚至是烟草公司。它现在已成为美国一家主要的大型联合企业。

7. 惠好有限公司（成立于1900年）

下次当你看到一片胶合板的时候，在其三角形的商标中找一找“W”这个字母。如果找到的话，那么你发现的是惠好家族的标志。1900年弗雷德克·惠好（Frederick

Weyerhaeuser）连同 15 位合伙人发现这个发展迅速的国家需要大量木材，基于这个原因创建了这家公司。现如今这家公司生产一系列与木材相关的产品，包括纸张、纸浆以及木制品。企业总部设在华盛顿州塔科马港市的一片森林中。从公司成立至今也证明了我们还没有过渡到一个无纸化的社会。

8. 玛氏有限公司（成立于 1923 年）

不，不是火星！你还记得玛氏巧克力棒吗？或者是 M&M 巧克力豆？是的，就是这家公司——这些糖果在我们流行文化中都是重要的产品。玛氏公司是创造以及生产这些糖果品牌的商业体，而且也是从家族式企业做起的。玛氏家族 1920 年开始创建自己的商业帝国，现如今这家位于弗吉尼亚州麦克莱恩市的公司依然生产大受欢迎的糖果、米饭和宠物食品等产品。

9. 柏克德集团（成立于 1898 年）

如果在你家附近见过一个发电站的话，那么它很有可能和柏克德集团有关。20 世纪初，柏克德家族于加利福尼亚的旧金山成立了这家建筑工程公司。2005 年起成为世界上最大的建筑工程公司。公司参与建设了多达 22,000 个项目，包括胡佛大坝、跨阿拉伯地区石油管道、伊利诺伊州德累斯顿

让他们用准备参加会议的时间来想出一个原创的好点子。”

2. 戴维·奥格尔维（David Ogilvy,1911—1999），广告经理以及广告公司创始人

雇佣那些比你能力强的员工，然后放手让他们去拼搏。雇佣那些追求卓越、不循规蹈矩的人。

3. 理查德·尼克松（1913—1994），美国第 37 届美国总统

“永远竭尽全力，永远不要失去勇气，永远不要成为心胸狭窄的人，永远要记得，可能有人会恨你，但是那些恨你的人不会赢，除非你也恨他们，那样的话，你就将毁了你自己。”

4. 哈里·S. 杜鲁门（1884—1972），美国第 33 届总统

“人创造历史，而不是历史创造人。在人类历史中，当缺乏领导力时，社会就停滞不前。当勇敢的、有能力的领导者抓住机会改变社会、创造未来的时候，社会就开始进步了。”

5. 安德鲁·卡内基（1835—1919），企业家，实业家，慈善家

“成功的首要条件是：把精力和资力完全集中在所干的事情上。一旦开始从事这一行，就要争取在这个行业中闯出一片天地，成为行业领头人，吸收点点滴滴的改进，采用最好的机器，尽力做到无所不知。”

6. 小乔治·S. 巴顿（George S. Patton,1885—1945），美国将军以及坦克指挥官

“制定一个重要的战争决策之前是衡量你胆量的最佳时间。就是在那时，你要认真倾听你所能想象得到的每一个恐惧！在你将一切都考虑清楚、做出决定后，就抛开所有恐惧，向前冲吧！”

7. 马克·吐温（Mark Twain,1835—1910），作家与幽默大师

“把你的怜悯和同情都留给输掉比赛的失败者吧——这是胸襟广大；但另一方面，这也是交易。”

8. 萨缪尔 · J. 蒂尔登（Samuel J. Tilden,1814—1886），1876 年民主党总统候选人

“据说保持和维护领导力（自由）要比获得它们更为困难。成功是一个无情的竞争者，因为它会阿谀并精心呵护我们的缺点，我们因此会自鸣得意。我们对自己取得的成就沾沾自喜，失去谦卑的精神，而保持谦卑则会令我们看清自己获得成功的各种因素。我们常常忘记自己其实只是团队中的一员，忘记团结就是力量，忘记只有当团队中每位成员精准地行使职责时我们才能强大的事实。”

9. 鲁伯特 · 默多克（Rupert Murdoch,1931— ），媒体大鳄以及亿万富翁

“鼓励别人的时候，要吸引住他们的思想和内心。好的企业要让员工感到自己是努力的一部分……当鼓励他人的时候，我希望通过举例，通过使他们感到兴奋或是鼓励他们的方式让他们参与进来。”

10. 托马斯 · 杰斐逊（1743—1826），政治家，实业家，美国第三届总统

“做出这个决定非常重要，不要动摇，永远不要说谎。没

有一种缺点比说谎更低劣、更可怜、更可憎的了。如果你说一次谎，那么撒第二次、三次谎的时候就更加容易了，最后说谎成为了一种习惯。谎话随口而出，说真话定也不会有人相信。舌头说谎会导致内心也跟着撒谎，最终良好的行为都因说谎而变质腐败。”

第十四章　存世万代

小科尼利厄斯·范德比尔特（Cornelius Vanderbilt）曾经说过："12 岁之前我一直都天真地认为每个人都在第五大道拥有一栋房子，在避暑胜地纽坡特还拥有一栋别墅，以及一艘能够出海的游艇。"当然并不是所有生意人都能够达到这种生活水平，但有趣的是打探到这些企业家工作一天后是如何进行休闲放松的。对他们中一些人来说，家就是休闲的最好地方。而另外一些人认为休闲场所应该是乡村公寓。有些度假寓所现今依然存在，而且隐藏在这些公寓背后的故事更是精彩绝伦。

1. 乔治·华盛顿·范德比尔特（George Washington Vanderbilt）的比特摩尔庄园（北卡莱罗纳州阿什维尔）

他的家会使人惊叹不已。他位于蓝岭山脉的比特摩尔庄园拥有250多个房间，整座房屋被原封不动地保护起来，屋子里还摆放着上千件当年的家具。乔治·华盛顿·范德比尔特是威廉姆·亨利（William Henry）与他的妻子玛利亚·路易莎（Maria Louisa,1821—1896）所生的八个孩子中的一个，生于1862年，是科尼利厄斯·范德比尔特遗产的继承人。范德比尔特第一次见到这栋房子是在北卡莱罗纳山区旅行的时候，后来这栋房子就属于他了。比特摩尔庄园号称是“全美最大的庄园”，它展现了那个时代最好工匠的工艺水平，而且至今保存完好。

2. 马歇尔·菲尔茨（Marshall Field）的考姆塞特庄园（纽约劳埃德港）

考姆塞特庄园就像当时长岛黄金海岸周边许多不动产住宅一样，是一个自给自足的社区，庄园内有奶牛场、马厩、船舶码头、能源供给设备以及无数条内部行车道。1925年芝加哥百货公司的继承人马歇尔·菲尔茨三世在这里建造了一栋格鲁吉亚复兴风格的住所，并取名为考姆塞特之地，印第安语中意为“倚靠利石的地方”。现在这片庄园成为了国家级公园。

3. 沃尔特·克莱斯勒庄园（纽约金波因特地区）

这位汽车大王据说在1924年从店主亨利·班德尔

（Henri Bendel）手中买下了这个庄园。这个庄园有 35 个房间，是栋有着法国古典文艺复兴风格的建筑，现为美国商船学院所在地。克莱斯勒的邻居是乔治 · M. 科汗（George M. Cohan）。金波因特这个村子是 F. 斯科特 · 菲茨杰拉德（F. Scott Fitzgerald）的小说《了不起的盖茨比》的故事发生地，传言在书中被称作为西卵村的地方就是金波因特地区。

4. 钢铁大亨亨利 · C. 弗里克（Henry C.Frick）的豪宅（分别位于匹兹堡、波士顿近郊、曼哈顿岛、纽约罗斯林）

亨利 · 克莱 · 弗里克是安德鲁 · 卡内基钢铁帝国的一位合伙人，但他最终与卡内基分道扬镳。弗里克把自己的府邸建在了长岛的黄金海岸，可以和 20 世纪初所建造的一些豪宅媲美。弗里克是全球闻名的艺术品收藏家，他拥有的那些宫殿有着镀金时代的特质，里面收藏着众多价值连城的艺术品，花园中种植着优等植物。他在卡内基位于匹兹堡的钢铁公司里大赚一笔。1882—1905 年期间他住在一栋名为克莱顿的维多利亚式庄园中，1990 年庄园改名为弗里克艺术与历史中心，向公众开放。他的避暑胜地位于波士顿北部，是栋有着新古典风格通体用砖头建成的宅院。游览曼哈顿岛的游客一定要去他位于东 70 大道一号的具有 18 世纪风格的府邸，现为全球著名的弗里克收藏博物馆。他的第四栋豪宅位于纽约罗斯林，是一栋格鲁吉亚复兴式的建筑杰作，现为拿骚乡村艺术博物馆。

5. 比尔·盖茨的陋室（位于华盛顿的梅迪纳）

其实，他的府邸真的不能称为简陋。这栋精心建造的房屋面积为66,000平方英尺，占地5英亩，其价格远远超过古今那些商业大亨所能承受的范围。房子的大部分都建在山洞中，盖茨每年还要为这栋房子支付100万美元税款。这栋房子同时体现出较高的科技含量，例如拥有一个鱼苗孵化厂、一个室内外游泳池、两个游船码头，以及一个42英尺高的衣柜，专供他的妻子米兰达使用。

6. 甲骨文公司首席执行官拉里·埃里森的埃里森堡垒（地处加利福尼亚州伍德赛德）

加利福尼亚州的伍德赛德是硅谷大多数著名企业领袖的定居地。令埃里森郁闷的是他这栋面积7,800平方英尺的府邸要比比尔·盖茨的豪宅小一点点。这栋建筑占地23英亩，是日式风格的皇家别墅，价值1亿美元左右，每年的房屋税就高达40万美元。

7. 威廉姆·伦道夫·赫斯特（William Randolph Hearst）的赫斯特城堡（位于加利福尼亚州圣西蒙）

威廉姆·伦道夫·赫斯特缔造了一个传媒帝国。他给社会带来的影响力通过报纸、书籍、杂志和电影得以体现。20世纪20年赫斯特把他的城堡建在了南加利福尼亚州山区占地24万英亩的农场中，被称为赫斯特城堡。城堡现为国家级历史古址，也是备受游客欢迎的旅游目的地，每年有超过70万名游客乘坐大巴车经过长途旅行来到这个宫殿般的豪宅参观。城堡内有165间卧房、41间厕所，以及价值百万的绘画、古董和雕塑作品。

8. 弗兰克·W. 伍尔沃斯（Frank W. Woolworth）的温菲尔德大厅（地处纽约长岛的格伦科夫）

F.W. 伍尔沃斯根据普通工人阶层购买日用品的需求而建立起一系列能够满足他们需求的连锁商店。伍尔沃斯的府邸温菲尔德大厅建于1916年。豪宅建成后的第二年，伍尔沃斯就去世了。伍尔沃斯的豪宅由56间古典建筑风格的房间组成。和当时很多豪宅一样的是，它也配备有苍翠茂密的花园和数量众多的雕塑艺术品。伍尔沃斯豪宅内的大理石台阶造价约200万美元。这栋建筑现在变身为一家会议中心，出租给位于纽约东山附近的颇尔公司使用。

9. 哈里 · F. 古根海姆（Harry F. Guggenheim）的法莱斯豪宅（位于纽约桑茨波恩特地区）

古根海姆诺曼底风格的夏季度假别墅建于 1923 年，沿着小路往前走就是被 F. 斯科特 · 菲茨杰拉德称作“西卵村”的地方，因为在当地地图上看这个港口特别像是一个鸡蛋。古根海姆的豪宅由许多房间组成，看上去像堡垒一样，这栋豪宅体现出了地中海和欧洲文艺复兴时期的艺术和建筑风格。古根海姆一家是犹太移民，以开采金属矿藏与冶炼发家，手中还持有数量可观的铜矿开采股份。古根海姆还曾当过飞行员，像这个地区其他的豪宅主一样，他也向查尔斯 · 林德伯格（Charles Lindbergh）提供资金，帮助查尔斯成为了第一个飞越大西洋的人。林德伯格是法莱斯豪宅的常客。这个占地 216 英亩的豪宅现为桑茨波恩特保护区。

10. 小约翰 · 皮尔庞特 · 摩根位于曼哈顿的褐石豪宅（纽约城）

地处纽约这个奢华大都市的褐石豪宅于 1853 年由金融家艾萨克 · N. 菲尔普斯（Isuac N. Phelps）出资修建，后于 1895 年被老 J.P. 摩根买下并进行改造。小摩根继承了父亲在投资银行领域挣得的财产，这栋豪宅只是小 J.P. 摩根拥有的七处豪宅之一。小摩根不喜欢宣传，身为慈善家的他为了缅怀父亲，出资修建了用作科学研究的纽约皮尔庞特图书馆。摩根先生的图书馆于 1902—1906 年间进行修建，毗邻他位于纽约麦迪逊大道和 36 号大街的住宅。2002 年 2 月 26 日，地标保护委员会把小 J.P. 摩根的房屋选定为纽约市的地标建筑。

第十五章　坎坷求学路

教育，这个是你父母会反复向你提起，而你又会跟你的孩子们说到的话题。但是否受过教育真的会有所不同吗？答案是肯定的，一定会有不同。但对那些在商界取得较高成就的人士来说，拥有大学学位的现象却并不普遍。商界一些人尽皆知的大人物并没有完成大学学业。下面列举的就是这些商界人物。

1. 比尔·盖茨（1955—），微软公司创始人

盖茨入读哈佛大学，希望成为像他父亲那样杰出的律师。但当他对电脑产生兴趣的时候，他从哈佛大学退学，成立了自己的电脑软件公司。

2. 史蒂夫·乔布斯（1955—），苹果电脑公司创始人

乔布斯一个学期后就从俄勒冈州波特兰的里德学院退学了。这位头脑灵光、毫无畏惧的企业家拥有第六感，能够预知他想要和利用的科技技术，因此他缔造了苹果电脑帝国。这位未获得大学学位的男孩成为了家喻户晓的人物，以及信息技术名人堂里的明星。

3. 迈克尔·戴尔（Michael Dell,1965—），戴尔电脑公司创始人

在位于奥斯丁的德克萨斯大学念完大一后，戴尔因为兼职从事的电脑生意渐有起色而选择退学。现如今的迈克尔·戴尔是一位充满活力以及有趣儿的演讲者。他总是以在自家车库利用“订单生产”模式成立公司的事情开始演讲。没有获得学位这件事对迈克尔·戴尔来说根本算不得什么。但戴尔却给那些正在拼夺个人电脑市场份额的电脑生产商带来了巨大的问题。

4. 戴夫·托马斯（1932—2002），温蒂国际快餐公司的创始人

他在十年级时就从印第安纳州的韦恩堡一所学校退学了，在当地一家餐馆打全职工。雄心壮志的托马斯并没有因

为缺少教育而埋没自己创建快餐公司的才能，他建立的这家餐饮公司在 34 个国家和地区设有超过 4,400 家分店。

5. 特德·韦特（Ted Waitt,1963—），捷威电脑公司

你之前会见过一个用奶牛皮包裹着一台电脑的盒子商标。现如今大家都知道捷威公司了。它的创始人特德·韦特虽然在大二的时候离开了爱荷华大学，但爱荷华州的农牧业却给他留下了影响，他把这种影响进行转变，体现在了自己公司的独特标识上。

6. 托马斯·爱迪生（Thomas Edison,1847—1931），发明家

爱迪生在学校待了三个月，之后他妈妈就在家教他念书。12 岁时他开始了自己的创业冒险，卖过水果、糖果以及卖报纸给那些常坐火车的人。他身患耳聋，后来进入西联电报公司做了一名电报员。现在每一个美国小孩子都要学习这个没有受过教育的小孩的故事。

7. 亨利·J. 凯泽（Henry J. Kaiser,1882—1967），实业家与企业家

亨利·凯泽 13 岁时离开了学校，给一位摄影师当学徒，

20岁时买下了这单生意。在建筑和造船行业打过一段零工后，他把精力都投入到劳资关系方面中去。1942年凯泽创办了第一家健康维护组织，现在名为凯泽恒健医疗公司，是美国最大的健康维护组织之一。无论是否受过教育，他都做出了出色的成绩。

8.特德·特纳（1938—），美国有线电视新闻网创始人

特纳因“行为鲁莽”和“胆略过人”而闻名，因为违反规定允许一位女性客人进入自己的宿舍而被布朗大学开除。被扫地出门并没有让他停下脚步。父亲自杀后，他接手了父亲在亚特兰大的一家电视台。特纳奋力把这家电视台打造成为我们今天无人不晓的CNN传媒帝国。

9.查尔斯·威廉姆·波斯特（Charles William Post, 1854—1914），波斯特燕麦片商标和品牌建立者

波斯特曾经入读伊利诺斯工业学院（现为伊利诺斯大学），但因其认为念大学完全是耽误时间而很快从学校退学。他制造了一些农业机械还搞过一些发明创造。在密歇根的巴特克里市接受治疗后，波斯特制造出一种咖啡替代品——波斯敦，并为这种产品进行大规模的广告宣传。他之后又推出了波斯特葡萄籽燕麦片和波斯特吐司面包，这些举措都体现

出波斯特对食物健康的重视。令人惋惜的是波斯特患有抑郁症，当阑尾炎康复后就自杀身亡了。

10. 沃特·迪斯尼（1901—1966），迪斯尼娱乐企业集团创始人

迪斯尼在密苏里州的一个农场长大，后来上过函授课程以及在当地的一家博物馆进行过美术学习。大家都知道他患有学习障碍症。第一次世界大战中他曾在红十字会工作过，后来他做了广告动画制作学徒。虽然没接受过正规的大学教育，但他受过艺术方面的指导，也做过插画家，1923 年他和自己的哥哥罗伊前往好莱坞制作动画片。无论是否接受过教育，迪斯尼的名字渐渐被人知道、记住，名声传遍世界各地。

第十六章　桌　球

如果你是个办事严谨的人，你可以把它称作台球。无论被叫作桌球还是台球，它在美国是最受欢迎的休闲活动之一。但有趣的是，这项游戏活动不仅一直深受布鲁克林地区酒鬼以及歌手吉姆·克罗齐一首描述来自芝加哥南部号称“全镇大坏蛋”的“恶人勒罗伊·布朗”的喜爱，而且也是众多在美国商业史中赫赫有名的商业领袖们热衷的游戏。下面列举出的就是一些热衷这项运动的名人[1]。

1. 安德鲁·卡内基（1835—1919）

这位钢铁大亨以及苏格兰移民是位鼎鼎有名的慈善家，

1　信息收集与 www.brunswickbilliards.com。

但这并不是他的全部兴趣爱好。他喜欢卸下工作包袱，舒展筋骨，打上一局台球。你想不想在台球桌上挑战下安德鲁·卡内基？

2. 约翰·D. 洛克菲勒（1839—1937）

他身为百万富翁这件事和他喜欢何种运动没有关联。他和西部牛仔们的喜好一样：都热爱台球。

3. 威廉姆·范德比尔特（William Vanderbilt,1821—1885）

对那些在商业历史上名声显赫的人一定会有一些记录，对威廉姆·范德比尔特来说，他所在的公司不仅取得了成功，也同样对台球运动特别痴迷。

4. 亨利·福特（1863—1947）

这位对美国国内生产总值做出不小贡献的汽车帝国的缔造者是位喜欢打赌的人——喜欢在台球桌上向球友发起挑战。福特曾经说过："金钱就像一条胳膊或是大腿，要么就使用，要么就别要。"当然，他并不想失去他的胳膊或是双腿，所以他打台球。他不想失去他的钱，所以他就在球桌上发挥他们的效用。

5. J.P 摩根（1837—1913）

这位远近闻名的金融家和自己的伙伴不仅喝同样的酒，还同样都打台球。他也是一位行善者。这个听上去很耳熟么？台球这项运动有什么特别吸引像摩根和他的球友一样的人士么？动手查查数据看。

6. 威廉姆·伦道夫·赫斯特（1863—1951）

这位建立了出版业务帝国的大亨在位于加利福尼亚州圣西蒙的宏伟壮丽的城堡中款待客人，美国一些优秀的商业领袖时常汇聚于此。要是你受邀前往著名的赫斯特城堡，你可以在他优雅气派的室内游泳池中游泳，或是在他的私人放映厅观看一部电影。你甚至可以向这位大师发出挑战，打一局台球。

7. 特迪·罗斯福（Teddy Roosevelt,1858—1919）

这位反托拉斯能手，曾任拉夫骑手团的陆军中校以及性格坚毅的个人主义者永远闲不住。这位运动狂人总是骑着自己的马匹驰骋位于华盛顿特区的海湾公园，徒步行走阿迪朗达克山脉，要不就是和内阁成员打网球。工业革命中那些商业大亨不喜欢他，因为他准备打破铁路以及其他工业中的托拉斯行为和垄断控制。罗斯福是位运动健将，运用自己对体育和竞赛的喜爱来克服自己视力不佳带来的问题，缓解哮喘以及一些童年时期留下病根的病症。除了喜欢打猎、打网球和纸牌，他还是台球运动的发烧友。

8. 马克·吐温（1835—1910）

他是位商人么？这还用问吗？当然，而且是个失败的商人。对于了解美国文学和幽默的人来说，马克·吐温的智慧与机智富有传奇色彩。他第一次投资排版机生意的时候就把通过写作赚来的钱赔了个精光。然而，吐温从财务失败中恢复过来，通过讲座和写作摆脱了困境。从早期在西部当记者开始，吐温从台球桌旁发现了美国精神的特性和狡黠。他获得的发现不仅来自家中的台球桌旁，更多时候来自于寻常人聚集的酒店中的台球桌旁。

9. 亚伯拉罕·林肯（Abraham Lincoln,1809—1865）

这个能够说服自己律师事务所的客人对问题进行协商或令本就有罪的客人认罪的诚实的亚伯生活非常艰辛。他忍受丧子之痛，且身患抑郁症，身担总统重任，面临各种挑战，这些被永远铭记在美国历史中。那么他是如何解决这些问题的呢？可能林肯会尝试不同方法，但其中一种是打一局台球，拿起球杆，出击制胜。

10. 布法罗·比尔·科迪（Buffalo Bill Cody,1846—1917），德克萨斯·杰克·伍翰布罗（Texas Jack Uhumbro, 生卒日不详），狂人比尔·希科克（Bill Hickock,1837—1876）

这三位出道于19世纪90年代，他们正在进行“狂野西部”的巡演。宾士域公司（一家著名的生产台球桌的公司）这样描述他们的故事。他们三人在位于波士顿的一小酒馆喝酒，一群码头工人对这些来自西边的外来客提出挑战。牛仔们在比拼中大获全胜。布法罗·比尔后来在他位于俄怀明州夏廷的旅店中安装了宾士域牌台球桌，因为他具有求胜精神，且只求做到最好。

第十七章　做好准备

“做好准备”是美国童子军的口号。这个男孩组织成立已将近百年，并将团队合作、忠诚、尊崇等价值观通过户外活动形式灌输给成员，同时也给他们带来了巨大的欢乐。组织的活动能避免男孩子们在他们少年时期里招惹到麻烦，而且现如今，你会在全球各个地方见到他们的身影，翻越岩壁与悬崖，在野外安营扎寨，进行徒步穿越，独木舟漂流，学习急救知识以及叫卖爆米花。童子军依据活动成绩设置不同等级，需要完成清单列出的一系列特殊任务晋升不同级别。童子军等级中级别最高、最受人尊重的级别是鹰级。各个行业中的佼佼者们在成年后都已到达了这个等级。下面列举的是一些大名鼎鼎的商界领袖，他们都达到了这个级别，其中有一位重要人物晋级到了生命军级别[1]。

1　信息取自 www.scouting.org。

1. 巴伯 · B. 科纳布尔（Barber B. Conable,1922—2003），世界银行主席

科纳布尔曾任职于罗契斯特大学纽约分校，是一位杰出的教授。从康奈尔大学毕业后，他在美国海军服役，参加过第二次世界大战和朝鲜战争。科纳布尔担任纽约州议员一职长达 20 年的时间，直至 1985 年退休为止。从 1977 年起到他退休，他是众议院筹款委员会中级别最高的共和党党员。他于 1986 年 7 月当选世界银行主席，到 1991 年 7 月任职期满。

2. 小 J. 威拉德 · 马里奥特（J. Willard Marriott,1932— ），万豪国际有限公司主席

年轻的马里奥特继任酒店创始人老马里奥特的职位，带领万豪国际有限公司成长为一家拥有超过 2,400 家酒店的公司，酒店遍布 65 个国家和 50 个州。公司销售额接近 200 亿美元。马里奥特曾在美国海军的航母上担任供给官员一职，毕业于犹他大学。

3. 小约翰 · W. 克莱顿（John W. Creighton），惠好公司退休的董事长与首席执行官，美联航公司首席执行官

这位美国老兵毕业于俄亥俄州立大学，在迈阿密大学

（佛罗里达分校）获得工商管理硕士学位。克莱顿从事纸浆以及纸张行业数年，之后担任美联航公司首席执行官职务。

4. H. 罗斯 · 佩罗（H. Ross Perot,1930—），自力更生的亿万富翁以及前总统候选人

这位美国海军学院的毕业生在达拉斯创立了电子数据系统，同时也为进入美国政府铺好了各种道路。其中之一就是1992年以独立候选人身份参加总统大选，和比尔·克林顿以及老乔治·布什分庭抗争，拿到了18.9%的选票。在这之后他又成立了改革党，并于1996年再次参选总统，但这次他只获得了9%的选票。进入美国海军学院学习之前，佩罗获得童子军鹰军等级。许多年后，他被授予杰出鹰军荣誉称号[1]。

5. 萨姆 · 斯金纳（Sam Skinner），前美国交通部部长，联邦爱迪生公司主席

1989年，乔治·H.W. 布什总统任命斯金纳为交通部部长，任期三年。在第一次海湾战争期间，他成为了布什总统的白宫办公厅主任。斯金纳是芝加哥人，先后入读伊利诺伊大学和

---

1 杰出鹰军荣誉奖项设立于1969年，颁发给那些在美国商业、专业以及服务领域做出杰出成绩的人士。只有那些获得鹰军等级至少25年以上时间的鹰军童子军人士才有提名资格。这个奖项人选经由杰出鹰军童子军委员会推荐，由美国国家鹰军童子军服务组织颁发奖项。

德保罗大学法学院，之后成为伊利诺伊州的地方检察官。

6. 萨姆·沃顿（Sam Walton,1918—1992），沃尔玛公司创始人

沃顿毕业于密苏里大学，曾先后任职于杰西潘妮公司，以及美军情报部队，上校军衔。他凭借自己接受过的卑微教育，以及普通的管理知识创建了零售业巨头企业沃尔玛，并因此而名声大噪。沃顿开着载货卡车一步步把沃尔玛打造成为产品物美价廉的大型超市。他一直被认为是"美国最富有的人"，1992年死于骨癌，死前一个月还曾接受乔治·H.W.布什总统颁发的总统自由奖章。他八年级时就成为了密苏里州最年轻的鹰军童子军级别获得者。

7. 珀西·萨顿（Percy Sutton,1920—），律师，内城广播公司董事会主席

萨顿入读过三所有着黑人传统的大学，但都没有获得过学位——它们是普雷里维尤农工大学、塔斯基吉学院等。后来他选择入伍，做了一名美军飞行员。1950年他获得了布鲁克林大学法学院的法律学位。萨顿还担任过纽约曼哈顿地区区长的职务，20世纪60年代末期他和合伙人一同创建了内城广播公司。1977年，他参选纽约市市长，但输给了埃

德·科奇。

8. 威廉姆·J. 班内特（William J. Bennett,1943—），前教育部部长

班内特在布鲁克林地区的爱尔兰教会环境下长大。班内特在纽约上的学，对教育以及教育对年轻人产生的作用等方面持有强硬的观点。他毕业于威廉姆斯学院，在德克萨斯大学获得博士学位。1985 年罗纳德·里根总统任命他担任教育部部长一职，到 1988 年为止。1989 年他又受乔治·H.W. 布什总统之托，担任国家毒品控制政策办公室主任职务。尽管他是童子军鹰军级别人物，还出过一本畅销著作《善书》，2003 年他坦诚自己有赌博嗜好，并输掉了数百万美元。他因此保证戒掉赌博的陋习。

9. 唐纳德·拉姆斯菲尔德（Donald Rumsfeld,1932—），美国国防部部长

唐纳德·H. 拉姆斯菲尔德毕业于普林斯顿大学。并且做过美军飞行员。2001 年 1 月 20 日他宣誓就任美国第 21 任国防部部长。在成为部长之前，拉姆斯菲尔德还曾担任过一次国防部长之职，做过白宫办公厅主任，被派往北约担任美国代表，当过美国国会议员，以及入选财富 500 强的通用仪

器公司和吉利德科学公司（一家制药企业）的首席执行官。他同时也是一位出色的童子军鹰军级别人物，并且在1977年被授予总统自由勋章。

10. 比尔·盖茨（1955—），微软公司创始人

生活在这个世界上，要是不知道谁是比尔·盖茨也不是一件简单的事情。这位哈佛大学的肄业生在1975年创建了微软公司，并令这家公司成为软件产业中的佼佼者。他所做的慈善事业在历史上是数一数二的，当比尔·盖茨对科技发表见解时，大家都会认真聆听。他虽然没有获得鹰军等级，但达到的生命军等级仅次于鹰军等级。

第十八章　大股灾前的重要人物

1929 年 10 月发生的股票市场大崩盘事件是 20 世纪一个重要的里程碑，这次股灾致使普通股票的票面价值蒸发 40%。许多可靠且智商很高的投机者们赔掉了一辈子的积蓄。股灾发生四年后，市场价值仅仅是原有价格的五分之一。崩盘的结果令经济情况异常糟糕，一波波的企业倒闭，银行关门停业。农业综合生产能力下降，农场收入减半。股灾发生三年后，四分之一的劳动力仍处在失业状态。

早在股灾发生的 20 年前，如果你是一位关注时局的观察者或是正准备应对股灾，哪些声音或是人物会对你的思想带来影响呢？下面就是一些有报道价值的人物，他们预见了股市的大崩盘。

1. 小 J.P. 摩根（1867—1943）

小摩根接管了 J.P. 摩根公司，世界上最负盛名的私人银行公司之一。尽管小摩根和其他金融家在“黑色星期四”尽力收购股票以便平息恐慌情绪，保证市场正常运转，但一些人认为就是这些控制时局的人最终导致股市的崩盘。美国银行与货币参议员委员会后来揭露了真相，J.P. 摩根公司采取“优先”政策，这一政策让一些具有影响力的人士以远低于市场的价格购买了许多证券。

2. 沃伦 · G. 哈丁（Warren G. Harding,1865—1923）

在他出任总统的时期，1922 年关税法案令关税壁垒达到了新高度。一些产品被附加多达 400% 的关税，因此就确保了美国的一些生产商的生意依旧兴旺。在国内市场上如此的垄断导致美国企业产的蛋都被装进仅有的几个篮子中，这个危险的市场结构随着市场的崩溃而分崩离析。

3. 亨利 · 坎特维尔 · 华莱士（Henry Cantwell Wallace,1866—1924）

华莱士 1921 年成为农业部长，在这之前，美国的农场经历了一次大繁荣时期，农牧产品价格因为要和战时需求保持一致而有所上涨。如此的大繁荣引发了农民们对生产资料的投资，这在之前是根本不被允许的。1920 年年末，战时的需求以及像对小麦和玉米这样的核心农作物的需求同时萎缩。美国农业进入了衰退期。由于进口税，农民们不能把农作物向海外市场出口，因为美国没有在相同的市场买进同等数量的商品。坎特维尔担任农业部长期间，大平原以及农场田地为 1929 年的进一步衰退做好了准备。

4. 卡尔文·柯立芝（1872—1933）

“美国人民的主要事业就是工商业”，柯立芝这样说道。柯立芝可以算得上是位地地道道的新英格兰人。他是一位出生自佛蒙特州的副总统，1923 年当哈丁去世后，继任美国总统。因为柯立芝就任总统时对国家经济计划做出了一些调整，许多学者以及历史学家指责他和哈丁对 1929 年的股市崩溃以及经济大萧条负有责任。

5. 乔治·W. 戈瑟尔斯（George W. Goethals,1858—1928）

纽约人会因这个名字想到连接新泽西和纽约斯塔顿岛的大桥。但戈瑟尔斯也因建造了巴拿马运河而广受好评。巴拿马运河于 1913 年完工，成为联系两个不同世界的航道以及商业船运的通路。1916 年年末，戈瑟尔斯成为巴拿马运河地区的地区长官。运河同时也为国与国之间生机勃勃的商业与贸易往来铺好了道路，在运河建成之前，两国间因较远的航程而无法亲近。戈瑟尔斯和他的杰作也对1929年的经济大衰退负有部分责任。

6. 安德鲁·梅隆（Andrew Mellon,1855—1937）

梅隆是一位对所得税有着坚定立场的财政部长。梅隆认为高比例的税费会阻碍人们对新兴工业企业的投资。国会也非常认同他的这一观点，并早在发生经济危机的八年前通过一系列立法以减少战时所得税、超额利润税以及公司所得税。他就任财政部长时期，美国经历了一次前所未有的经济大繁荣。

7. 约翰·雅各布·拉斯科布（John Jakob Raskob,1879—1950）

拉斯科布对当时的思想做了最佳的诠释。在经济大萧条之前他曾担任杜邦公司以及通用汽车公司的财务经理。他还是艾尔·史密斯（Al Smith）州长1928年竞选总统时的竞选阵营经理。在一篇名为“每个人都应该富有”的文章中拉斯科布这样说道：“繁荣就像一个循环链条，只有当我们无视它的本质时才能打破它。”拉斯科布负责为建造帝国大厦而筹集资金。

8. F. 斯科特·菲茨杰拉德（1896—1940）

菲茨杰拉德是位叱咤20世纪的杰出小说家，他和其他一小部分作家被称作“迷惘的一代”。这部分人因第一次世界大战的杀戮而震惊，因物质主义的回潮以及一战后美国人民灵魂的空虚而灰心沮丧。因对国家经济未来走向的不确定，菲茨杰拉德于1925年出版了《了不起的盖茨比》一书，四年后就发生了股市大崩溃。这本书被许多人称为美国最伟大的文学著作，书中讲述了尼克·卡拉韦（Nick Carraway）和杰伊·盖茨比（Jay Gatsby）的故事，两人是居住在西卵村的邻居，村里的经济富足并时常召开奢华的草坪派对，贪婪不正当的男女关系横行，对财富和权力的追求导致了最终的失败。

9. 朱利叶斯·H. 巴恩斯（Julius H. Barnes）

巴恩斯是位极富热情的商人，来自明尼苏达州的德鲁斯，和F. 斯科特·菲茨杰拉德的老家离得很近。他在小麦和粮食产业中是一位重要的商业领导者。他在1922年当选为美国商会主席，从此步入政界。担任这一职务也令他变身为推行自由企业制度最狂热的游说者。他和赫伯特·胡佛总统私交甚好，并秘密为其工作。巴恩斯是市场不可或缺的力量。他在 1929 年的股市大崩盘中赔掉了 200 万美元，然而他却在 1930 年 5 月登上了《时代杂志》的封面。

10. 赫伯特·胡佛（1874—1964）

胡佛就任总统八个月后就赶上了股市大崩盘。他试图使这个穷困潦倒的国家恢复到以往的繁荣富强，但却收效甚微。时任纽约州州长的民主党人富兰克林·德拉诺·罗斯福（Franklin Delano Roosevelt）认为共和党制定的政策以及经济政策中潜在的缺陷是经济衰退的祸根。1930 年出现的斯姆特 - 霍利关税法令关税如此之高，以至于众多经济学家确信要是胡佛总统不否决掉这个提案的话，经济的恢复永远无法实现。尽管胡佛认为这次由于早前世界大战所导致的经济萧条而引发的余震令当地经济支离破碎，但他乐观地相信美国经济具有实现恢复所需的基本要素。

第十九章　最好不要说出来

各种预测、预言以及承诺常常能够成为时下的热门新闻。但很少人能够核实这些声明的准确性。如果深挖下去，你会发现一些言语还是不要说出口为好。下面列举的就是十个说错话的例子[1]。

1. 欧文·费舍尔（Irving Fisher,1867—1947），耶鲁大学经济学教授

如果你听过股市或华尔街分析员的分析，你一定会听过这种表述。每当股市形势一片大好之时，你会听到一些人宣称股票价格不会往上再爬升了。如果历史重现的话，这个

1　信息引用自 www.heartquotes.com 以及杰夫·帕里蒂 1997 年的著作《The Book of Truly Stupid Business Quotes》

声明一定是错误的，尤其是当1929年股市即将崩盘前不久欧文·费舍尔做出了如下声明："股市将永远在高位平稳运行。"

2. 肯·奥尔森（Ken Olson），美国数字设备公司主席与创始人

1977年奥尔森说过："不是所有人家里都需要一台电脑。"天啊，天啊，他讲的大错特错。肯·奥尔森，无论你在哪个国家——你想什么呢？当下，我们大多数人都没法想象没有电脑的生活会是什么样。

3. 沃伦·巴菲特（1930—）

巴菲特信奉购买一些大家都知道而且可以理解的东西。他买下的其中之一就是吉列公司，他认为这家公司有着经销权的资质，能够进入那些每天都需要刮脸或是祛除腿毛的男人与妇女的家里面。巴菲特显示出自己丰富的经验，他说道："我每天上床睡觉的时候总是很开心，因为我知道在我睡觉的时候这个世界上数十亿的男人以及女人们的胡子和腿毛都又长出来了。这比数绵羊可有趣多了。"

4. 马尔奇·克莱因(Marci Klein,1967—),卡尔文·克莱因（Calvin Klein）之女

虽然波姬·小丝（Brooke Shields）的性感出演令卡尔文·克莱因的内衣电视广告香艳四射，但卡尔文·克莱因的女儿做出了有伤风化的陈述：“我对有着一个身处时尚圈的父亲的唯一抱怨是，每次我跟不同的男友上床的时候，都会在他们的裤头上看到我爸爸的名字。”

5. 南加州格林维尔社会服务部

我们总喜欢取笑出自那些装腔作势的官僚主义者和社会工作者之口的话。

我们总喜欢取笑那些让我们排好队、填写各种表格的官僚主义者和社会工作者们嘴里蹦出的不着边际的胡话。本着找到既好笑却又异常愚蠢的地方政府办公室声明的原则，或许南加州格林维尔社会服务部做出的声明能够问鼎第一名：“你的粮票已于 1992 年 3 月作废，因为我们收到你已去世的通知。愿上帝保佑你。如果你的情况有变，可以重新申请。”

6. 美国国税局税务审计员培训手册

是的，找到一个政府机构做出的愚蠢表述真的很有乐

趣。而当这个政府机构是美国国税局的时候，你会特别想来个侧空翻。国税局发行培训手册的时候，里面有这样一句话："如果你知道或是似乎觉得你知道你在做什么的时候，你会发现这本书提供了特别不一样的帮助。"

7. 副总统阿尔·戈尔（Al Gore）的发明

你之前一定听说过这个人。他曾在比尔·克林顿手下担任副总统一职，2000 年他参选总统。在这之前他话并不多。但他却因在 1999 年 CNN 主持人沃尔夫·布利策（Wolf Blitzer）对他的采访中的一句"名言"而被大众记住："当我还在国会的时候，我积极地建造了互联网。"

8. 尼日利亚"419"邮件诈骗

在任何一天里，这种诈骗邮件都会出现，而且联邦调查人员对此也会提出警告（"419"指代的是尼日利亚诈骗刑法）。这种尼日利亚电子邮件诈骗行为已引起联邦调查局、联邦贸易委员会以及美国情报机构的高度警惕，它以垃圾邮件的形式出现在你的收件箱中，邮件内容显示数百万美元需要从尼日利亚转移到国外，而你已经被政府官员、银行官员或是幸存的亲属选中来提供帮助。下面就是一段邮件内容的摘录："但是会有一些额外花销。当然，你会因为提供帮助而获得丰厚的回报，你可以按照转账金额的百分比进行提成；但是，为了流程的顺利进行，你需要预先提供经济上的帮助。”

9.《商业周刊》的错误预测

汽车对美国的国民生产总值贡献巨大。不久前美国公司才一统美国汽车市场。但今日的境况却大不相同了。你可以通过 1968 年 8 月 2 日出版的《商业周刊》中的数据引述看出不同：“由于市场上已经有 50 款轿车销售，日本汽车工业不太可能从美国市场上分得一块大蛋糕。”

10. 西联公司的备忘录

亚历山大·格雷厄姆·贝尔（Alexander Graham Bell）在 1976 年发明了第一部电话，这些“座机”正快速地被手机所替代。为了显示人们思想上的不同，看一看 1876 年西联公司备忘录中的一段文字：“这部电话有着太多缺陷，以至于无法承担沟通之用。这个设备因此对我们毫无价值。”

第二十章　黑人带来的科技进步

科技使工业进步。任何工业领域中出现的革新都源自杰出人物。许多对一些组织以及工业形成重要影响的创新发明与科技发展都出自非洲裔美国人之手。这些创新发明也对我们日常生活影响巨大。下面这些发明故事你可能从未听过[1]。

1. 梅雷迪斯·古尔丁博士（Dr.Meredith Gourdine, 1929—1998），电气体动力发电

古尔丁曾就读于康奈尔大学，后来又获得位于帕萨迪纳的加利福尼亚科技学院的博士学位。他依据电气体动力原理而创建了自己的公司，这种技术发电时不会产生烟雾。运用

1　信息收集于 www.inventors.about.com/library/blblackinventors.htm。

这种原理，他把天然气转换成电能。这项技术可适用于制冷、海水脱盐以及减少烟雾中的污染物。古尔丁拥有超过 40 项的专利发明。

2. 乔治·华盛顿·卡弗（George Washington Carver, 1864—1943），科学家与农学家

卡弗使美国南部地区的农业经济取得了显著进步。他为南部的农业重新制定了发展方向，放弃种植有一定风险而且会将土壤中养分耗尽的传统作物棉花，而转为种植例如花生、豌豆、红薯、山核桃和大豆等作物。南方的种植者们开始在棉花以外的土地上种植花生。卡弗开创了花生 300 种的不同用途以及利用红薯制作出 118 种产品，在这之前，花生和红薯一直都被视为用途有限的作物。卡弗还发明了利用锯屑制成人造大理石，木刨花制造塑料，以及采用藤蔓造纸的方法。

3. 查尔斯·德鲁（Charles Drew,1904—1950），血液技术方面革新的开发者

当德鲁还是纽约哥伦比亚大学的一位研究员的时候，他发现血液可以被储存并且重建。前提条件是把液态红细胞与接近固态的血浆分隔开，并且将二者分别冷冻。他的发现在

“二战”时期被英国军队采用，建立移动血液银行给受伤的战士们提供血源。德鲁是第一位获得医学博士学位的非洲裔美国人。

4. 简・厄恩斯特・马策利格（Jan Ernst Matzeliger, 1852—1889），制鞋工业

马策利格 18 岁时从荷属圭亚那移民美国，在费城一家鞋厂工作。当时还是手工制鞋，于是他通过引进鞋楦（定型）机，从而在制鞋行业中引领了一场革新，这种机器能够在一分钟内把鞋底和鞋身粘合起来。因此，之前手工制鞋时代每天可制造 50 双鞋子，而马策利格的新机器可以把鞋子的日产量提升至 150—700 双鞋之间。

5. 加勒特・摩根（Garrett Morgan,1877—1963），气体吸入器的发明者

形式确实服从于功能，至少对加勒特・摩根来说是这样的。他和其他一些志愿者在伊利湖下的一个隧道中解救了一组人员，这里发生过爆炸，烟雾弥漫整个隧道。摩根因这次救援行动获得了克利夫兰市以及纽约第二届安全与卫生展览会所颁发的金牌。同时他也因此获得了发明气体呼入器的灵感。美军在“一战”中采用他的设备，下发给作战部队当作

防毒面具。因为他时常面临种族偏见的问题，摩根在推广他的发明时并不顺利。但就是由于摩根的创新，当今的消防员才能够进入危险的环境中而可以免受烟雾以及烟熏的伤害。摩根的发明还包括改善交通信号灯的装置以及手工缝纫机 Z 字型附件。

6. 小亨利 · 格林 · 帕克斯（Henry Green Parks, 1916—1989），玉米肉饼

“我还想吃帕克斯香肠，妈妈，求你了！”许多人还记得这个广告中的流行语，以及美国千家万户的厨房中烤制香肠和玉米肉饼的香味。帕克斯于 1951 年成立了帕克斯香肠公司，并且注册了众多商标。“求你了”这句台词是帕克斯加上去的，因为之前很多人都抱怨这样的广告语对妈妈来说太没有礼貌。H.G. 帕克斯公司被列为非洲裔美国人创办的最好的前 100 名公司之一。

7. 丹尼斯 · 韦瑟比（Dennis Weatherby），自动洗碗机洗洁精的发明者

当韦瑟比还在宝洁公司工作的时候，他的革新与先见让他获得了卡斯卡特牌自动洗碗机洗洁精的专利权。他还帮助研发了柠檬味液体洗洁精。韦瑟比 1984 年获得了戴顿大学

化学工程专业的硕士学位，2001 年获得奥本大学的博士学位。

8. 弗兰克・克罗斯利博士（Dr. Frank Crossley, 1925—），钛合金

克罗斯利是一位冶金领域的先锋人物，曾入读芝加哥伊利诺伊州科技学院，并在该学院进行研究工作。20 世纪 50 年代，几乎没有什么非洲裔美国人在冶金领域工作，事实上，克罗斯利是第一位在冶金工程领域获得博士学位的非洲裔美国人。这位谦虚、说话慢条斯理的工程师在自己的领域业绩优秀，获得了七项专利权。其中的五项和钛合金有关，极大地促进了航空与航天领域的发展。

9. 瓦莱丽・L. 托马斯（Valerie L. Thomas），错觉传感器

托马斯曾是摩根州立大学物理专业的两位女性中的其中一位，她后来成为了美国航空航天局的科学家，并且发明了错觉传感器。这项发明在 1980 年获得了专利权，它能够通过电缆或电磁的方式传送出三维同步图像。托马斯的设想是人们有一天可以在自己的家里观看他们最喜爱明星的三维图像的投影。

10. 本杰明·班纳克（Benjamin Banneker,1731—1806），农民第一部年历以及第一座自鸣钟的发明者

班纳克被许多人看作是第一位非洲裔美国科学家，他的创意天马行空。他是科学家、天文学家、发明家、作家以及美国第一座自鸣钟的发明者。他对世界的贡献无数，其中之一就是农民的第一部年历，1792 年被取名为“宾夕法尼亚、德拉瓦、马里兰和弗吉尼亚的日历和星历表”。班纳克同时还是一位坚定的反奴隶制的支持者。18 世纪末期，他在测量与绘图方面的才能给托马斯·杰斐逊留下了深刻的印象。

第二十一章　你应该知道的十位经济学家

社会上流传着许多和经济学家有关的笑话。其中一个是这样的：“如果让所有的经济学家们排好队，然后一个个把他们扔出地球的话，他们会绕地球好几圈的。”所有的商科学生都会在学习过程中学到一些经济原理，例如像“需求向左变动，供给向右变动，价格就在需求与供给交汇时形成”或是其他一些相似的理论。经济情况变得越发复杂，一直都用经济头脑办事则非常困难。对专职经济学家来说，图表、曲线图、需求、供给以及其他计量单位对他们来说就是家常便饭。下面就是你应该知道的一些经济学家的名字。

1. 约翰·肯尼斯·加尔布雷斯（1908—2006）

这位在加拿大出生的经济学家1949年在哈佛大学担任经济学教授的职务，而且被视为是最主要的经济学家之一。

他认为政府有权力对大型公益事业项目进行干预与资助。

2. 米尔顿·弗里德曼（Milton Friedman,1912—2006）

弗里德曼曾获得诺贝尔经济学奖，并因自由市场理论而闻名于世。他是一位货币主义者，坚信对货币供应的监控对抑制通货膨胀带来的影响有着重要作用。但作为货币主义者的他同时也认为政府应该进行的干涉仅限于控制货币的供给。弗里德曼曾给两位总统做过经济顾问，他们分别是理查德·尼克松和罗纳德·里根。

3. 约翰·梅纳德·凯恩斯（John Maynard Keynes, 1883—1946）

凯恩斯是位英国经济学家，他支持政府为了控制和刺激经济而做出的干涉举措。如果你进修过经济课程的话，你就会发现他写过《就业、利息和货币通论》一书，而且之后从事的职业都和这个主题相关联。或许他说过最著名的一句话就是："从长远来看，我们都得死。"

4. 卡尔·马克思（Karl Marx,1818—1883）

马克思不仅是一位经济学家同时还是政治哲学家以及社

会理论家。如果没有他，这个世界可能会发生或好或坏的变化。他的"资本家与工人之间充满了利益对抗"言论一直是许多社会主义国家形成的依据。他的哲学观点以劳动力与其生产关系的影响为中心。他得出的理论既冗长又十分复杂，曾有不止一位的经济学家深入地剖析过他那些理论与信条。

5. 约翰·斯图尔特·穆勒（John Stuart Mill,1806—1873）

穆勒也是一位来自英国的哲学家与经济学家。他是功利主义学说的拥护者，这种哲学理论认为应该寻求把大多数人的幸福和福祉（利益）最大化。他的经济学著作最初把大卫·里卡多（David Ricardo）的一些理论作为理论基础，总体来说支持自由主义政策，但也主张没有哪种经济理论能够阻碍建立在社会主义原则上的经济秩序。他是一位公认的神童，而且喜欢博览群书。

6. 亚当·斯密（Adam Smith,1723—1790）

斯密是一位苏格兰的经济学家与哲学家。他就是那本1776年出版且广受好评的《国富论》的作者。这本书被看作是历史上影响力最大的经济学著作之一，而且是商业圈内许多成功人士必读的一本书。

7. 维弗雷多·帕累托（Vilfredo Pareto,1848—1923）

这位意大利哲学家与经济学家对经济学做出了重要贡献。他推出了诸如功效、优化配置、分配以及选择等概念。他的教学经验对微观经济学领域的塑造起到了推波助澜的作用。但除了以上的原理外，他因自己在老家意大利的观察结果而被人所熟知，他发现在意大利 20% 的人口掌握着 80% 的财产。是的，他就是 80-20 理论之父，这个理论在当今世界仍旧盛行。

8. 约翰·福布斯·纳什（John Forbes Nash,1928— ）

纳什是一位更贴近现代的经济学家。1994 年他和另外两位经济学家共同获得了诺贝尔经济学奖。他是一位把精力放在博弈理论以及几何学理论上的数学家，但他在 30 岁时患上了精神分裂症。他在数学领域的能力是独一无二的，他也是第一位身患精神分裂症的诺贝尔奖获得者。纳什曾担任普林斯顿大学和麻省理工学院的教授。他是 2001 年推出的影片《美丽心灵》的原型。

9. 罗伯特·索洛（Robert Solow,1924— ）

索洛是另外一位曾经获得过诺贝尔经济学奖的经济学

家。他因提出经济增长理论而在经济领域做出了自己的一份贡献。他的理论也可以被叫作新古典主义增长模型，把对经济增长的决定因素分成劳动、资本与进步技术三种。他对美国劳动力的产出效果做了量化，并确定其中产出中的 80% 是由技术进步所决定的。

10. 詹姆斯 · 托宾（James Tobin,1918—2002）

托宾曾出任约翰 · F. 肯尼迪总统的经济顾问，而且还是耶鲁大学的一位教授。作为一个凯恩斯主义者，他认为政府应该为了稳定产出以及避免出现经济衰退而对经济进行干预。他最著名的主张之一是对国外外汇交易征税。这种税可以约束货币投机行为，以及为第三世界国家发展或联合国组织的活动提供资金。

第二十二章　左撇子们

毫无疑问，我们生活在一个大多数人都用右手的世界里。据说世界上只有 10% 的人是左撇子。有意思的是，右脑控制着左手。右脑同时对我们的视觉、空间感、创造力以及非文字性思维有着重要影响。这是不是就是那些眼光独到、远近闻名的人都是左撇子的原因呢？

要想找到一个能够认同这种观点的专家不容易，但为了一探究竟，让我们来看看下列这些荣获诸多成就的左撇子们吧[1]。

1. 亨利·福特（1863—1947）

这位办事强硬的汽车制造者受到科学管理之风的影响，

1　信息收集自 www.anythinglefthanded.co.uk。

成为第一个把科技运用到汽车制造领域来的人，他建立起一条能够制造零部件的生产线。他生产的 T 型汽车为高速公路带来了一种新的交通模式。他办事强硬，但对手下员工并不吝啬，而且力争把事情做到最好。他成功地成为了美国汽车工业领域中的标志性人物，而且是位左撇子。

2. 大卫・洛克菲勒（David Rockefeller,1915—）

这是个在银行业中如雷贯耳的名字，他组建的银行业与美元业务咨询委员会的历史非常悠久。大多数人知道他是因为他是一位阔绰的慈善家，而且为科学与医学研究提供了大笔资金援助，例如在纽约建立洛克菲勒大学。但是大卫·洛克菲勒有两件事是大多数人不知道的，一是他收集甲壳虫，二是他是左撇子。

3. 比尔・盖茨（1955—）

这位身高六英尺六英寸的巨人创建了微软帝国，而且他也是一位左撇子。虽然是个左撇子，但微软公司大部分设备都是给使用右手的人设计的，恐怕也是和世界上 90% 的人都是用右手有关。

4. H. 罗斯 · 佩罗（1930— ）

这位前童子军的鹰级人物、海军学院的毕业生、说话语速超级快的傲慢的家伙，帮助比尔 · 克林顿登上了美国总统的宝座。他的雄心壮志不仅令他于 1992 年和 1996 年两度参选美国总统，还引领他创建了 EDS 电脑咨询公司，并在信息科技产业领域成为了一家重要公司。他特别喜欢熨烫平整的西装，喜欢留平头，也喜欢饼状图，同时他也是左撇子。

5. 列奥纳多 · 达芬奇
（Leonardo Da Vinci,1452—1519）

达芬奇是世界史上一位有趣的人物，他对多才多艺的概念进行了重新定义。他能够从右向左倒着写字，而且按照这种方式他还能一口气写出无数篇的散文。他的想象力引导他画出在未来几个世纪才会出现的直升机或是些工程革新的草图。或许他最杰出的成就就是作为一位意大利画家所带来的艺术创作。

6. 阿尔伯特 · 爱因斯坦（1879—1955）

这位诺贝尔奖获得者在科学界研究与试验过若干年后发现了相对论。他在瑞士一所专利局从事技术员的工作。还曾在普林斯顿大学做过研究员的工作，对核动力的发展做出了重要贡献。

7. 本杰明 · 富兰克林（1706—1790）

要不是富兰克林和他的风筝，我们今天的家中就不会有电灯了。富兰克林为美国的发展做出了贡献，他的许多观念、想法与创新，需要厚厚一本书才能记录完整。他是一位政治家、商人以及发明家。和许多成功人士一样，他也是左撇子。

8. 艾萨克 · 牛顿（Isaac Newton,1642—1727）

这位早期的数学家与科学家为我们贡献了地心引力理论。他从数学的角度来观察身边的事物，运用估算的方法来进行预测与阐述。他还担任过数年的议会成员以及皇家铸币厂的厂长。

9. 卢 · 格斯滕（Lou Gerstner,1942— ）

在出任 IBM 公司的首席执行官之前，格斯滕曾在雷诺烟草公司以及美国运通公司工作过。追随托马斯 · 沃森（Thomas Watson）的脚步以及遵循 IBM 公司的传统并不是容易的事情，但格斯滕却一直坚持着，从 1993 年起一直做到

2002 年 3 月。2003 年 1 月他就任华盛顿凯雷公司的主席。如果你有机会观察坐在办公桌前的格斯滕的话，他开出大额支票的时候用的也是他的左手。

10. 兰塞姆 · E. 奥兹（Ransom E. Olds,1864—1950）

R.E. 奥兹于 1897 年创建了奥尔茨机动车辆公司，公司后来改名为 REO 汽车公司。奥兹是一位发明家以及内燃机的创新者。来自俄亥俄州日内瓦的奥兹开发了一款时髦但价格低廉的汽车，这款汽车也成为了第一批量产的汽车。当汽车市场出现疲软之后，他转而生产割草机的发动机，而且继续进行各种商业投机活动。此外，他也是一位左撇子。

第二十三章　西点军魂

美国军事院校西点军校源远流长的传统是做一个英勇无敌、胆量过人、敢于承担以及拥有至高荣誉感的人。除了成就一批伟大的军事领袖外，西点还为政府与各个行业输送了大批受人称赞的成功人士。西点军校的毕业生已经一跃成为美国众多企业的一流人才。下面就是一些曾毕业于这所美国军事院校的杰出企业家[1]。

1. 约翰・G. 海耶斯（John G. Hayes）

约翰·海耶斯是西点军校 1949 届毕业生。他在课堂上的所学知识以及在领导力方面的培训令他坐上可口可乐瓶装

1　信息收集于 www.west-point.org/users/usma1989/46256.grads.htm。

公司主席的位置。

2. 威廉姆 · T. 西韦尔（William T. Seawell,1918— ）

威廉姆·西韦尔是西点军校1941届毕业生。他的军队背景以及接受过军事培训、外加曾担任部队长官等这些经历使他步步高升，成为了泛美航空公司董事会主席以及首席执行官。

3. 鲁本（Reuben,1921—1993）

鲁本是西点军校1946届毕业生。他所接受的培训和过往经验使他当上了美国假日酒店的主席。

4. 伦道夫 · 艾拉斯科（Rancblph Araskog）

伦道夫是西点军校1953届毕业生，他是美国电报电话公司的主席。

5. 彼得 · M. 道金斯（Peter M. Dawkins,1938— ）

彼得·道金斯入读西点军校的时候正逢该校另外一位毕业生德怀特·D. 艾森豪威尔就任美国总统。道金斯是西点军校 1959 届毕业生。他在足球方面的天资令他荣获著名的海曼斯奖。他因为自己的能力与领导才能而当上了城市银行的副主席，后又成为普瑞玛瑞卡公司的主席与首席执行官。

6. 奥马尔 · N. 布莱德利（Omar N. Bradley,1893—1981）

即使你不知道他是一位商业领袖的话，这个名字你可能也会有所耳闻。奥马尔 · 布莱德利是西点军校 1915 届毕业生。两款战车就是以这位五星上将的名字命名的，因为在“二战”中曾担任过第一陆军的指挥官，他的名字在大多数美国历史教科书上都能被找到。他同时还是美军的参谋长，以及第一任参谋长联席会议主席，任职时间从 1949 年起至 1953 年结束。他也是美国退伍老兵管理局的局长，1958 年出任布洛瓦钟表公司的董事长。

7. 小亚历山大 · M. 黑格（Alexander M. Haig,1924—2010）

亚历山大 · 黑格是西点军校 1947 届毕业生。他不仅是西点军校的毕业生，同时也因后来在 1974 年理查德 · 尼克松总统辞职后出任白宫办公厅主任而被人熟知。1966—1967 年间他参加过越南战争。后来他在里根政府内担任国务卿一职。据说他就是在著名的“水门事件”发生后把信息透露给《华盛顿邮报》绰号为“深喉”的人。他曾在 1979—1981 年间担任美国联合技术公司的主席与首席运营官。

8. 弗兰克·伯尔曼（Frank Borman,1928—）

弗兰克·伯尔曼是西点军校1950届毕业生。和其他同学一样，伯尔曼把自己的领导力带上了天空。他是1965年双子星计划与1968年阿波罗八号飞船的宇航员。从美国航空航天局以及部队退役后，伯尔曼加入了美国东方航空公司工作，1975年成为公司首席执行官。

9. 詹姆斯·金希（James Kimsey,1939—）

詹姆斯·金希是西点军校1962届毕业生。金希是一位美国空降兵，后来参加了越战。他也是一位企业家，曾经创建或是投资过餐饮业、信息科技企业以及房地产业。1985年他创办了昆腾电脑服务公司，并委任史蒂夫·凯斯（Steve Case）运营公司。1990年公司改名为美国在线有限公司。他仍是公司的荣誉主席，并且还担任了美国基金会会长一职。

10. 亨利·A. 杜邦（Henry A. Dupont,1838—1926）

杜邦是西点军校1861届优等毕业生。毕业后他就加入了联军，并成为美国第五炮兵团中尉。杜邦在部队中服役一直到 1875 年，官衔升至陆军中校，因在柏松溪战役中的出色表现荣获国会荣誉奖章。退役后，他成为威尔明顿和西部铁路公司的主席，1905—1917 年间，他成为特拉华州议员。虽然他出生于特拉华州富庶的杜邦家族，但他从未涉足化学制品行业。

第二十四章　永远无法忘记的白领犯罪

在商业世界中曾出现过许多影响恶劣的公司白领的犯罪案件。有意思的是大多数的案件都是发生在过去的 50 年当中，年复一年，这些公司白领犯罪的案件已经变得越发普遍。下面就是一些你会铭记于心的案件。

1. 杰弗里·斯基林（Jeffery Skilling,1953— ），安然丑闻

成千上万的人在 2001 年里赔光了他们的养老金和终身积蓄，由于安然公司被控虚做账目，随后公司承认在之前未被公开的负债额超过十亿美元。这一状况令成千上万的人赔光了自己的养老金以及毕生积蓄。斯基林（Skilling）是公司的首席执行官，一位说话极富热情并且眼光超前的人。这位哈佛大学毕业生以及前麦肯锡员工的魄力曾经让大家以为安

然公司将会在自由市场中成为一个全球领先的企业。

2. 查尔斯·庞兹（Charles Ponzi,1882—1949），庞式骗局

20世纪初期的庞式诈骗计划企图对邮政票券进行套现。查尔斯·庞兹打算在西班牙购买邮政票券，之后再倒手卖给美国邮政公司，利用汇率的不同而从中谋利。他的罪行进一步扩大，他许诺投资者在90天时间内能够获得50%的回报，从而大笔筹集资金。他因从四万人手里骗取了1,500万美元而锒铛入狱。

3. 萨姆·沃克萨尔（1947—），英克隆公司

2002年沃克萨尔因在美国食品和药物管理局向公众公开对自己的裁决前，抛售自己的研究公司——英克隆公司的股票而认罪。沃克萨尔被判入狱数年。令这件事情更加引人注意的是，他被指控向自己的合作伙伴家政女王——玛莎·斯图尔特透露公司的内幕消息。

4. 阿尔伯特·J. 邓拉普（Albert J. Dunlap），日光公司

邓拉普因“链锯阿尔”的外号而被世人所熟知，他被聘

请到公司就是为了对公司进行大清洗以及裁掉成千上万的员工。这位西点军校的毕业生说话风格强硬，而且在他的管理下，许多公司的股价都呈上升趋势，因此他在一段时间内备受众人尊重。这一切随后都灰飞烟灭了。日光公司的董事会以毒攻毒，用邓拉普之前解雇众多员工的方法炒掉了邓拉普，罪名是伪造公司盈利与收入，许多人都说这是邓拉普的故技重施。

5. 伊凡·博伊斯基（Ivan Boesky,1937—），迈克尔·米尔肯（Michael Milken,1946—），德崇证券

来自于现已倒闭的德崇证券公司的两位能手使内线交易呈现出新的特征——一个曾被忽视的特征。1986 年他俩因操纵市场而被审判，米尔肯的证词对给博伊斯基定罪带来了帮助。两人同时坐牢服刑，但许多人都认为刑期偏短：米尔肯服刑 24 个月，博伊斯基服刑 22 个月。

6. 伯尼·埃伯斯（Bernie Ebbers,1941—），世界通信舞弊案

埃伯斯因公司 90 亿美元的财务丑闻而受到指控，这也直接导致了这家通信公司在 2002 年破产倒闭。他是揭露罪行时期另外一位落马的罪犯，自从 20 世纪 90 年代末期以来揭秘似乎成为了一种新的趋势。

7. 桑尼·布洛赫（Sonny Bloch），电台广播主持人，个人理财书籍作家

桑尼·布洛赫被指控在主持无线电台全国性电台节目《桑尼·布洛赫秀》时进行证券欺诈。布洛赫拥有150万听众，而且他在听众群中有着良好的口碑。他同意为风险率较高的合股公司代言，提高销售额。他在广播中信誓旦旦地保证这家公司的财务比较稳健，而且对自己促销员的身份也一再进行保证。尽管他因为自己的推广行为而每周入账2,000美元酬金，但他让别人感觉到他出于自己的体验而不是商业原因而进行销售。这个事件的同谋者利用布洛赫的广播节目为自己的公司开拓市场。1996年9月18日，桑尼·布洛赫承认35项指控中的8项，收受赞助人资助推销一文不值的证券。他被判退还520万美金，因肺癌死于狱中。

8. 韦德·库克（Wade Cook,1949—），非正式私人理财销售员以及所谓的专家

库克语速飞快的电台广告、演讲磁带、天价研讨班以及自行出版的书籍等吸引了众多想捞快钱的人的注意力。但是获得这些快钱的却是库克。他在许多州因为夸大事实，对返还钱数过度许诺但不兑现许诺等行为受到指控。2000年联

邦贸易委员会指责库克没有把另外一桩诉讼案中牵扯的约150万美金的赔偿款返还给客人。

9. 比利·索尔·埃斯蒂斯（Billie Sol Estes,1924—），西得克萨斯肥料市场操纵商

这位自称“得克萨斯独断专行之王”的埃斯蒂斯通过抵押不存在的农场设备获得将近两亿美元的资金。他于1965年入狱，1971年被释放出狱。埃斯蒂斯验证了一句叫“穿新鞋走老路”的老话。他再次尝试抵押物品，这次他选择的不是农场设备而是不存在的石油设备，后来他再次入狱五年。在和他有关的犯罪活动中，他号称认识射杀肯尼迪总统的枪手。

10. 马克·里奇（1934—），欺诈性石油贸易

里奇和他的同伙平卡斯·格林（Pinky Green）在1980—1981年间从事带有欺诈性质的石油贸易。他们把挣得的钱转移到境外公司，随后跑到了瑞士，他们害怕的是纽约市市长鲁道夫·朱利亚尼（Rudolph Giuliani）。1983年里奇被控偷税，数额超过4,800万美金。他的罪名还包括税收欺诈以及与伊朗进行非法石油交易。一些家伙会侥幸逃脱制裁，而在他们身上就验证了这一点，2001年克林顿总统做出了一个富有争议的决定，他特赦了里奇和格林二人。

第二十五章　白宫学者俱乐部

白宫学者计划——这是一位崭露头角的未来领导者可以参与体验的最负盛名的实习计划之一。这个项目于 1964 年由林登 · B. 约翰逊总统创办。白宫学者计划参与者要经历严格与竞争激烈的层层选拔，之后 11—19 位数量不定的候选人要在华盛顿、总统以及政府各个不同环节中经历一段时间的考察。最终的结果是他们能够成为出色的领导人。他们当中的许多人都进入不同行业或非营利性组织从事领导或管理工作。下面就列出了十位白宫学者计划的参与者，并一同列出了他们参与项目的时间与之后领导的行业[1]。

1　信息收集于 www.whitehouse.gov/fellows。

1. 加利 · E. 卡鲁达斯（Garrey E. Carruthers,1939—）

西马伦健康计划的主席与首席执行官；新墨西哥州前任州长。他于 1974—1975 年间当选白宫学者。

2. 马歇尔 · N. 卡特（Marshall N. Carter,1940—）

美国道富银行信托有限公司前任主席与首席执行官。他毕业于西点军校而且曾任美国海军官员。卡特在 1975—1976 年间当选白宫学者。

3. 彼得 · M. 道金斯（1938—）

道金斯担任过旅行者集团主席以及首席执行官，美军退役陆军准将；普瑞玛瑞卡金融服务公司前任主席与首席执行官；1958 年他获得了海斯曼奖。道金斯在 1973—1974 年之间当选白宫学者。

4. 玛莎 · J. 埃文斯（Marsha J. Evans,1948—）

她是美国红十字会的主席与首席执行官；美国女童子军成员。埃文斯在 1979—1980 年间当选白宫学者。

5. 伊莱恩·L. 赵（Elaine Li Chao,1953—）

他曾在乔治·W. 布什总统手下担任劳工部长；曾任美国联合慈善基金会主席与首席执行官；和平队的前任队长；传统基金会学者。赵曾在1983—1984年间当选白宫学者。

6. 迈伦·E. 厄尔曼三世（Myron E. Ullman Ⅲ,1947—）

杰西潘妮公司首席执行官；路易威登公司前任首席执行官；DFS集团前任主席与首席执行官；梅西百货公司前任主席与首席执行官。厄尔曼在1981—1982年间当选白宫学者。

7. 路易斯·G. 诺加莱斯（Luis G. Nogales）

诺加莱斯公司主席；合众国际新闻社前任主席与首席执行官；西班牙语电视网前任主席。诺加莱斯在1972—1973年间当选白宫学者。

8. 达纳·G. 米德（Dana G. Mead,1936—）

天纳克公司前任主席与首席执行官；麻省理工学院董事

会主席。米德在 1970—1971 年间当选白宫学者。

9. 汤姆·约翰逊（Tom Johnson,1942—）

美国新闻有线网前任主席与首席执行官；《洛杉矶时报》前任发行人与首席执行官。约翰逊在 1965—1966 年间当选白宫学者。

10. 罗伯特·D. 哈斯（Robert D. Haas,1943—）

里维斯公司主席与首席执行官。哈斯在 1968—1969 年间当选白宫学者。

第二十六章　女性发明家

在大多数商业行当中，创新对成功都起到至关重要的作用。几乎每个在学校上学的孩子们都会学习到像伊莱·惠特尼（Eli Whitney），托马斯·爱迪生以及塞勒斯·麦考米特（Cyrus McCormick）这些全球闻名的发明家的发明创造故事。但并不是每个人都了解那些罕有人知的女性发明家的发明故事。下面列举出一些女性发明家们看似因循守旧但又令我们生活更加轻松的发明创造[1]。

1. 萨拉·玛瑟（Sarah Mather），潜水艇望远镜与照射灯

如果有一条奇闻逸事能够给你的朋友们留下深刻印象

1　信息收集于 www.uspto.gov/go/kids/ponder8.htm。

的话，可能就是这条：1845 年萨拉 · 玛瑟就获得了潜水艇望远镜与照射灯的发明专利。潜艇望远镜和潜望镜还是稍有不同的，潜望镜可以帮助侦查潜艇周围的船只与舰艇。而潜艇望远镜可以帮助航海船只探测海洋深度。但具有讽刺意味的是，美国海军潜艇部队是军队机构中为数不多的几个不允许女性加入的部门之一。

2. 斯蒂芬妮·露易丝·克沃勒克（Stephanie Louise Kwolek,1923—），凯夫拉尔

你应该特别感谢克沃勒克。克沃勒克为杜邦公司所做的研究使一种叫做凯夫拉尔的合成材料面世。这种材料比同等钢材质的强度要高 5 倍。克沃勒克于 1966 年获得该产品的专利权。这种材料不易受腐蚀也不易损耗，而且重量极轻。这种材质被用于生产制造防弹衣、水下光缆、刹车衬片、飞机挡风玻璃、足球头盔、太空飞行器、船只、降落伞、滑雪板以及建筑材料等。

3. 玛莎·J. 科斯顿（Martha J. Coston,1826—1902），烟火照明弹

科斯顿嫁给了一位海军科学家，他去世前在日记中画了一幅烟火照明弹的草稿图。在他去世后，玛莎 · 科斯顿继

续执行她丈夫留下的创意，并发明了一种叫作夜间信号弹的产品。这种产品可以让身处黑暗中的船只相互通信。美国海军买下了该产品的专利权，这种照明弹是通信体系的基础组成部分，可以挽救无数生命，还能够帮助军队在战争中取胜。

4. 玛格丽特·奈特（Margaret Knight,1838—1914），自停运动设备

虽然奈特在 30 岁时才获得了自己的第一个专利权，但当还在缅因州生活的时候，她就给自己的哥哥们制作过雪橇和风筝，从那时起她开始了对创新发明的探索。她 12 岁时对纺织厂的装备有了创新想法，想设计一台通过动作可以指挥关机的机器。这种设备可以避免员工受伤。她后来又获得了 26 项专利权，其中就包括我们当今仍在使用的平底购物袋。

5. 苏珊·泰勒·康弗斯（Susan Taylor Converse），法兰绒连体解放性服装

在康弗斯生活的年代，女性的内衣包括紧身衣。对于旁人来说，紧身衣实在是大煞风景。在这种背景下，美国国内的各种妇女组织都认为妇女们需要束缚性更小的内衣。1875

年康弗斯设计了一款连体式服装，没有撑条，没有洞眼和蕾丝，被称作“联合法兰绒内衣”，这种内衣在当时备受欢迎，并大获成功。

6. 凯瑟琳·布洛杰特（Katherine Blodgett,1898—1979），世界上第一块百分之百透明或隐形玻璃

布洛杰特是位于纽约州斯克内克塔迪市的通用电气研究实验室雇佣的第一位女性科学家。与此同时，她也是剑桥大学首位获得物理学博士的女性。她曾因发明涂层膜片技术而获得诺贝尔奖，后来她又发现了一种新方法把这种膜片技术应用在玻璃与金属上。这种非常薄的胶片可以减少在表层上的反光效应，当膜片增加到一定厚度时，可以阻挡表层下方的反射。这就是广为人知的世界上第一块百分之百透明或隐形的玻璃。这种技术被广泛用于生产眼镜、显微镜、望远镜、照相机与投影机镜片等的防反光涂层。

7. 朱莉·纽玛（Julie Newmar,1935— ），超透明、超舒适的连裤袜

虽然尼龙袜20世纪40年代就问世了，但直到1959年连裤袜才出现。1977年女演员朱莉·纽玛取得“整形丝袜”的专利权，“一种新型超透明的裤袜，能够塑造凹凸

臀型”[1]。她因出演电视剧集《蝙蝠侠》中猫女一角以及《我的活人偶》中的机器人罗达而被观众熟知。除了出演电视剧外，她还常在百老汇的舞台上演出，而且还演过电影，作品有《七对佳偶》、《巴比伦的奴隶们》以及《麦肯那淘金记》。

8. 安·摩尔（Ann Moore,1940— ），婴芙乐婴儿背带

安·摩尔曾是和平队的一位志愿者，她发现在法属西非地区的妈妈们可以牢固地把婴儿们背在背上。观察后她非常羡慕非洲地区的孩子们与母亲们间的亲密关系。后来她回到了美国，也有了自己的孩子，摩尔和自己的母亲给摩尔的女儿设计了一款育婴袋，和她在国外见到的那种袋子相似。摩尔和丈夫开始开拓这款育婴袋的市场，取名婴芙乐，这款产品给世界各地的父母和他们的孩子们提供了舒适与方便。

9. 贝特·内史密斯·格雷厄姆（Bette Nesmith Graham,1924—1980），修正液

如果你依赖打字机进行写作，那么这位女士的发明则会令你的生活更加容易。格雷厄姆既是一位秘书又是一位拥有雄心壮志的艺术家，她用厨房搅拌机发明了修正液，第一款

1 引述于网络电影资料数据库，www.imdb.com。

能够对打字键入进行修正的液体。需要补充说明一下，内史密斯是门基乐队乐手，并出演过同名电视连续剧《门基》中的乐手迈克 · 内史密斯（Mike Nesmith）的母亲。

10. 露丝 · 汉德勒（Ruth Handler,1916—2002），芭比娃娃

汉德勒是美泰尔公司的原始创始人。腿部可以活动的芭比娃娃最初是在 1965 年面世的。这个洋娃娃是以汉德勒女儿的名字命名的，而不是像人们想象的那样以故事书中的人物而命名的 。这个娃娃的名字是现实生活中一位少女的名字。虽然按照真人尺寸作为测量标准的话，36-18-38 的三围数字是不太可能的，但芭比娃娃的销路很广，在许多小女孩的房间内都可以找到芭比的身影。

第二十七章　一些有关财富、金钱、权力的话语

人们如何看待金钱与权力？这个要取决于你和谁来谈论这个话题。纵观整个人类史，我们已经从每一个可能的角度审视过金钱与权力了。金钱与权力似乎以其他事物所不能的方式令我们前行，而我们在这个话题上也体现出了不同的观点。下面列举出的是一些在金钱与权力方面有着大量过往经历的人们所表达出的观点[1]。

1. 阿尔伯特·爱因斯坦（1879—1955）

如果你难以搞懂各种税费的话，那么你并不形单影孤。

1　引述来自 www.taxgaga.com, www.brainyquote.com, www.borntomotivate.com, www.spicyquotes.com。

我们的阿尔伯特·爱因斯坦也因处理各种税费而抓耳挠腮。事实上，罗纳德·里根总统在谈及自己税费改革的原因时也提到了爱因斯坦的观点。爱因斯坦这样说过："世界上最难理解的就是收入所得税。"

2. J. 保罗·格蒂（J.Paul Getty,1892—1976）

格蒂的财富之一就是拥有丰富的杰出艺术品收藏资源。他的慈善本质在他说出"金钱就像肥料，你必须把它分散到四方，才能发挥应有的作用"这句名言时显现无疑。

3. 安德鲁·卡内基（1835—1919）

卡内基是一位和别人有着不同商业哲学的人。卡内基认为获得财富须遵循某一特定行为方式和原则。这就是为什么他说过"摩根先生的合伙人是买来的，而我自己栽培自己的合伙人"的原因。

4. 温斯顿·丘吉尔（Winston Churchill,1874—1965）

温斯顿·丘吉尔患有严重的阅读障碍症和抑郁症。有些人可能会说外交手腕就是要精明地掌握演讲手段和良好的感觉。他对资本主义国家的优点给予了赞扬，他说道："社会主义理念认为获利是一种罪恶，但我觉得真正的罪恶是出现亏损。”

5. 弗兰克 · W. 伍尔沃斯（1852—1919）

伍尔沃斯与其他财富追寻者的行为背道而驰。他放弃在富人身上挣钱的想法，相反做起了工薪阶层的生意，建立起一些出售廉价商品的商店，他说：“我是世界上最差的销售员；因此，我得让人们买东西更加方便。”

6. 伯纳德 · 巴鲁克（1870—1965）

许多股市学者专家希望他们的财富能和巴鲁克获得的一样多。巴鲁克对他在股市所用方法的简单性和常识做出了解释：“我在股市反复进行过这样的操作，当股票价格上涨时我就会抛出——这就是我获得这些财富的一个原因。”

7. 唐纳德 · T. 里根（1918—2003）

唐纳德之前担任过财政部长以及白宫办公厅主任等职务。唐纳德 ·T. 里根在华尔街是一位商业领袖，他对货币政策以及市场动态的本质与走向有着自己的见解。在他的表述中可以看出这点：“华尔街的公司有着自己所谓的结构，但这更像是脚手架。”

8. 约翰 · D. 洛克菲勒（1839—1937）

约翰 ·D. 洛克菲勒非常喜欢生活中一些简单的事情。对他来说，从他巨大的投资中获得的股利收益就是这样的事情。他吐露了自己的内心想法：“你知道能够给我快乐的唯一一件事是什么吗？就是看着红利一点点地进账。”

9. 约翰 · F. 肯尼迪（1917—1963）

约翰 ·F. 肯尼迪来自一个懂得资本家内涵的家族。他的父亲是位富翁，在众多事业投资中都大获成功。他跟企业员工谈起那些决定涨价的钢铁行业高管时说道：“我的父亲总是告诉我所有的商人都是狼心狗肺的，直到现在我才相信这句话。”

10. 本杰明 · 富兰克林（1706—1790）

本杰明 · 富兰克林的小智慧是永恒的，他的名言永世流传。他在金钱方面令我们受益匪浅，他说：“如果你想知道金钱的价值，就想办法去借钱试试。”

第二十八章　40 岁俱乐部

那些认为年轻就是用来挥霍的人没有意识到许许多多的经商者在 40 岁前就创建了自己的企业。下面列举出的就是这样的商人。

1. 尤金·麦克唐纳（Eugene Mcdonald,1886—1958）

1920 年新年前夕，麦克唐纳第一次听到电台的广播节目。从这以后，麦克唐纳就迷恋上了这种媒介，在 37 岁时成立了珍妮丝公司。麦克唐纳抓住 20 世纪 20 年代早期电台广播的出现所带来的优势，令广播剧“游侠传奇”以及杰克·本尼（Jack Benny）本人第一次成为家喻户晓的名字。1924 年他发明了第一台便携式收音机。

2. 查尔斯·辉瑞（Charles Pfizer,1824—1906）

化学家查尔斯·辉瑞28岁时成立了辉瑞制药公司。19世纪中期，他生产了一些当时在美国找不到的药剂制品，因此成立了自己的公司。他的第一批产品中包括一种叫作散道宁的药物，用于祛除肠道内的蛔虫。同时，他还找到制作柠檬酸的方法，它是当今众多食品的调味剂。纽约城是公司所在地，并一直延续至今。

3. J. 威拉德·马里奥特（1900—1985）

他在26岁时成立了马里奥特（万豪）有限公司。实际上1928年公司成立之初时还只是个冷饮摊。这位曾担任过海军供给官的马里奥特还在战争年代中成立了一家快餐店。这家餐厅一天营业16个小时，在当时来讲功能就像现如今的快餐店。马里奥特的第一家旅店于1957年开始营业，位于华盛顿特区。

4. 唐纳德·W. 道格拉斯（Donald W. Douglas,1892—1981）

尽管唐纳德·W. 道格拉斯喜欢航海多过飞行，但他28岁时还是成立了道格拉斯飞行器公司。他是历史上首批航空工程师之一，他原打算生产一款能够直达美国各地的飞行器。公司生意在 20 世纪 20 年代初期蓬勃发展，获得了一批海军订单合同，至此跃居主流国防承包商行列。

5. 乔治 · 威斯丁豪斯（George Westinghouse,1846—1914）

乔治 · 威斯丁豪斯 18 岁时第一次获得专利权，他是美国发明最多的发明家之一。他不仅在 22 岁时发明了供火车使用的空气制动器，还在 39 岁时成立了威斯丁豪斯电气公司。在从尼古拉 · 特斯拉（Nikola Tesla）手中获得专利权后，威斯丁豪斯发明出了交流电。这种能量形式可以保证能量通过电力企业向大众输送能量供给。

6. 威廉姆 · R. 休利特（William R. Hewlett,1913—2001），戴维 · 帕卡德（David Packard,1912—1996）

这两位斯坦福大学的毕业生在 1939 年创立了休利特 - 帕卡德（惠普）公司，那时他们都是 26 岁。他们在帕卡德的车库中开始创业时手头只有 538 美元的启动资金。起初这两位合作伙伴的宏伟目标都是依靠他们在电力工程方面的悟性想出的，设计并推广他们制作的电器小发明和仪器设备。20 世纪 30 年代末期有大批工程合约找上门，两人把合同进行了转让。后来他们出售了一些示波器，最终在战争年代令公司走上正轨，开始发展壮大。

7. 约翰 · W. 诺德斯隆（John W. Nordstrom,1871—1963）

约翰 ·W. 诺德斯隆是一位瑞典移民，1887 年移居美国的西雅图市，在这里他最终建立了日后名为诺德斯隆的百货公司。在 20 世纪初，诺德斯隆寻找一个能够满足他创业欲望的事业类型。他与制鞋商卡尔 · 沃林（Carl Wallin）一道打着沃林 & 诺德斯隆的牌子经销鞋子。1928 年约翰 · 诺德斯隆把自己的企业股权出售给了自己的孩子们。1929 年沃林把他的股权也卖给了诺德斯隆的孩子们，并重新把企业命名为诺德斯隆百货公司。

8. 威廉姆 · 科尔盖特（William Colgate,1783—1857）

1806 年科尔盖特 23 岁时成立了科尔盖特公司（也就是后来的高露洁公司）。19 世纪之初，大多数消费者还是在家制作肥皂，科尔盖特那时是一位肥皂制造师傅的学徒，他抓住了这个商机。他的生意逐渐做大，公司产品在世界很多国家的居民家中都会用到。

9. 理查德 · J. 雷诺兹（Richard J. Reynolds,1850—1918）

雷诺兹 25 岁时成立了 R.J. 雷诺兹公司。战后的一段时间内，雷诺兹着手开始生产咀嚼烟草，并进行市场推广。到19世纪末期，市场对雷诺兹生产的咀嚼烟草需求量很大。公司进入20世纪后开始生产烟斗用的烟草。20世纪初，雷诺兹公司著名的骆驼牌香烟在市场上备受欢迎。一战期间，雷诺兹向士兵免费发送骆驼牌香烟，这之后香烟的销量一路上升。

10. 井深大（Masaru Ibuka,1908—1997）

井深大37岁时成立了索尼有限公司。你可能认为这位电子设备巨贾一切得来全不费功夫。起初井深大生产的磁带录音设备、电饭煲等产品都没有获得市场成功。公司因为日本广播公司一纸器材设备生产合同才能够维持经营。公司发展缓慢，在将近15年后也就是1955年才因生产袖珍收音机而大获成功。

第二篇

产　品

第二十九章　孩子们需要知道的网络炸弹

从未有一种产品能够和它一模一样。网络热潮在这两年中持续升温。对许多人来说，这是一种文化现象，他们认为自己建立并经营的将会是商业世界中下一笔大买卖。现如今，人们把它和其他泡沫破灭放一起进行比较，比如失败的荷兰郁金香球根投资事件，以及虚无缥缈的白日梦和规划详细的方案等。在 1,800 家做网络起家的公司中有超过 20% 的公司最后都关门大吉。下面的一些公司希望能够让大家记住并且把他们的事情讲给孩子们听。

1.Broadcast.com

在这家网站的鼎盛时期，拥有它的公司卖掉了这家超级大型的广播网站，网站设有一站式服务的超级商店，提供链接到各种广播电台、有声书、视频等网站的入口，他们能为你提供一切你所需的网络广播服务。世事难料，谁也没有想到这家公司会倒闭，成为网络公司倒闭浪潮中的一员。

2. ETOYS.com

在节日购买玩具的狂潮中，eToys 公司没有按时把一款玩具在圣诞前夜送到客户手中，为此，公司为物流部门的失误而进行了赔偿。令众多玩具迷伤心沮丧的是，eToys 公司没法达到作为一家在线玩具零售商的要求，于 2001 年 3 月宣布破产倒闭。KB 玩具公司随后买下了 eToys 公司的库存玩具，并令公司重新上线营业。当这位新的在线玩具零售商也破产后，公司收到了一笔额外资助，改名为“eToys Direct”重新开张营业。

3. Pets.com

宠物和人们一样，因此这家公司战略性地出售和宠物有关的一切产品，从狗粮到给猫咪玩耍用的铃铛小球，但这家公司和那些失败的公司运营方法如出一辙。这家公司积极热情地进行市场宣传，认为人们会给自己的宠物花钱，购买的大部分产品都是重复的（例如食品），而在线商店能够令买卖便捷以及容易。不幸的是，在市场营销上的过度支出以及利润过少导致了这家网络公司悲剧的发生。

4. Mothernature.com

营养生意或许是一桩大买卖，但一定不能在网上进行，而且这家公司也做不了这笔买卖。这家网站出售维生素产品、滋补品、矿物质以及在任何一家健康食品商店内可以买到的产品。对身体有益处的产品并不一定永远是商业热卖品，这家公司就验证了这句话，2000 年公司情况急转直下，最终破产倒闭。和其他之前倒在网络浪潮中的公司一样，这家公司也于 2002 年重新开张营业。

5. Egghead.com

这家公司在家用电子产品领域出售的产品范围广泛。公司以跳楼价格出售一系列清仓甩卖产品；但公司在 2001 年坠入低谷，最终关门倒闭。公司之后因被亚马逊网站收购得以重生，亚马逊公司收购了许多其他倒闭的网络公司。

6. Excitehome.com

这家公司曾经（不久之前）是一家重要的门户网站，网站上提供游戏、搜索、邮件等功能，而且提供高速宽带访问。这家公司看上去像是一个雄心勃勃并已站稳脚跟的互联网公司，但2001年公司很快就破产了。然后这家公司在经过改造后重新回归。

7. Garden.com

这家位于得克萨斯州奥斯丁的公司人才济济、能人辈出。公司在网络上出售园艺爱好者所需要的一切产品。但这家公司并没有把自己的生意打理好，2000年的时候宣布倒闭。这家公司后来被沃尔玛和波匹公司买下，随后又焕发了生机。

8. Furniture.com

人人都需要家具，每个人都得买家具。这个事实推动了一个想法的产生，在网络上建立一个展示家具的空间。但网站创建者忽略了一个事实，大多数人喜欢在购买前坐上去、躺上去试试，这在网络上是不可能做到的。尽管生意兴隆，并且从一家网络投资公司获得了一笔2,700万美元的资金，但这家公司和其他公司还是在2000年纷纷关门倒闭。然而，公司在2002年由一位新的所有者买下后才活了过来，并且由此产生了一种新的生意模式。虽然现在有一家同名的公司，但原来的那家已经没有了。

9. 美国价值网络公司

网络商品零售商或许能够对轻松容易地赚钱做最好的诠释。获得了像联邦快递以及微软一些这样大公司的支持，这家高技术风险投资公司上市了，上市的第一天股票价格就在原始股价格的基础上翻了三倍。许多人都对公司的创始人以及首席执行官提出批评，认为他花费了太多金钱在弗吉尼亚州的豪宅以及公司的飞机上，对如何成功构建网络公司却考虑欠佳。尽管公司在网络业务方面有所作为，但在 2000 年公司还是关门谢客了。

10. Boo.com

这家英国在线服装零售商在 1999 年年末开展在线业务，比同一时期的网络公司动作略晚一些。不同寻常的是，同一天内这家公司在六个国家分别开始操作运营。对一家网络公司来说，搞定不同的货币规则以及复杂的操作方法是相当麻烦的。这家公司是欧洲第一家倒闭的网络公司，在它运营的第一年里，花费了将近 6,500 万美元进行广告宣传。但 18 个月后，大约在 2000 年年中的时候，这家公司连同一些其他的电子商务公司纷纷破产。尽管公司大部分财产都被现在仍在运行中的 Fashionmall.com 公司买下来，但 Boo.com 公司是三家被指控私自出售客户私人信息而侵犯隐私权的公司中的一家。公司的域名现在仍在使用中；但之前那家公司已经破产了。

第三十章　创新发明

“对通用汽车公司有益处的对整个国家就有益处”这句话被政治家以及工会领导人们用来显示美国对大型企业的信赖。企业发展，这个社会就会发展。当提到对我们日常生活带来影响的发明的时候，这句话确实一点不假。我们知道的并且在生活中用到的一些伟大发明源自各个行业中的先锋人物。下面列举的就是给我们的生活带来或好或坏影响的发明创造[1]。

1. 微波炉（1946）

这项发明源自于一场意外，谁会不喜欢这个发明呢？在

1　信息收自于 www.inventors.about.com/library。

1946 年进行的一个雷达实验中，雷神公司一位名叫培西·史宾赛（Percy Spencer）的博士当时在测试一款磁控管，他发现他衣服兜里面的糖块化掉了。这种微波后来被用来崩爆米花和煮鸡蛋。后来人们掌握了这种技术，并制造出第一台微波炉，这款微波炉高 6 尺、重 750 磅。

2. 第一张银行信用卡（1958）

西尔斯公司从 1910 年开始就从事信贷服务了。20 世纪 50 年代末期，许多美国人都在使用不同种类的信用卡。但在 1958 年，美国银行是第一家在全国范围内通过信用卡推行和授权借贷业务概念的银行。瞧，借款时代诞生了。现如今没有信用卡谁能活得下去呢？

3. 安定片

这款药的名字来自于拉丁语，意为“变得更加强壮和健康”。安定片在 1963 年由瑞士罗氏制药公司研制而成，因为米克·贾格尔（Mick Jagger）和滚石乐队的歌曲“妈妈的小帮手”而流行开来，他们把这种药称为“黄色小药片”。这种安神药物在动荡的 20 世纪 70 年代是美国最常用到的一种处方药。

4. 空调（1902）

在闷热的天气里却不能待在一个凉爽舒适的房子里的生活是很难想象的。威利斯·开立（Willis Carrier）发明的“空气处理装备”能够实现对温度与湿度的掌控，因此而“调节”空气。居民住家的空气冷却开始于1928年。没有空调的夏天是令人无法忍耐的。

5. 单晶片微处理器（1971）

1971年英特尔公司制造了一小块芯片，内含许多块电子元件，供晶体管开关在单体处理器上进行操作。不用太多技术手段，它就能让电子脉冲的生成速度超过闪电，接着便可以进行运算处理。虽然过程听起来比较无趣，但没有哪一种科技创新能够比它更能影响到我们的日常生活。消费者购买电脑产品时一定要认清“内有英特尔”的标识。

6. 火药（1802）

在祖国法国学习了炸药的生产过程后，埃鲁西尔·伊利泽·杜邦（Eleuthère Irénée dupont），这位法国移民于1800年抵达美国。当得知美国火药的质量比较糟糕的情况后，这位年轻的化学家1802年在白兰地河边建起了一家生产硝石的作坊。到 1810 年，这家作坊已经成为全美最大的黑火药工厂。公司也顺理成章地成为了股市上的蓝筹股。

7. 百事贴（1977）

你快承认吧——在生活中你总会用它来搞定一些琐事吧。它是 3M 公司职员阿瑟 · 弗莱（Art Fry）的创新发明，他需要一种产品用到他的教堂赞美诗集上去：一种能够永久粘在赞美诗集上不脱落的记事贴。在自己的公司做了一番调查后，他发现了斯宾塞 · 西而弗（Spencer Silver）博士发明的黏合剂，能够让他生产自己想要的那种记事贴。他的问题解决后，一张小小的“记事贴”就面世了。

8. 特百惠（1947）

每个人迟早都要买个特百惠保鲜盒。树木整形专家伊尔 · 特百（Earl Tupper）（其实就是伐木工）在业余时间喜欢鼓捣塑料制品，他用聚乙烯制作了一个有着密封盖子的塑料容器盒子。但这并不是他和他所成立的公司所发明的最富创新性的作品。他真正世界闻名的创新作品是特百惠派对，他是一位市场的先驱者。虽然在我们的生活中他所生产的是支柱性产品，但特百惠派对的重要性更不言而喻。现如今，特百惠展示会在世界上某个地方每两秒钟就会开始一个，每年带来的净销售额达 12 亿美元。

9. 除臭剂（1952）

布里斯托·迈尔斯公司没有研发出除臭剂的配方，而是 1952 年在市场需求的作用下使滚珠除臭剂应运而生。除臭剂最早的广告语是这样的："滚珠除臭剂，烦恼一滚就走。"数百万美国人确实按照他们所说的这样做了。这款产品和另外一款发明的原理相同：那就是圆珠笔。直到 1965 年布里斯托·迈尔斯公司才真正开始滚珠除臭剂革新产品的研究：除臭气雾剂。

10. 编程语言（1990）

你可能听说过它，但却不知道它是什么东西（不，它指代的不是一种咖啡）。JAVA 是一种编程语言和平台，由詹姆士·高斯林（James Gosling）于 1994 年在硅谷的太阳微系统电脑公司进行绿色计划项目的过程中发明的。高斯林和同组的同事们着手找到一种可以赶上下一波运算趋势的计算机语言。他们确实找到了这种语言，现如今它被广泛运用到普通计算机成百上千的应用当中。这些包括网络聊天室、国际象棋、象棋和纸牌等虚拟游戏，以及其他若干网络图形应用。

第三十一章 大人们和他们的玩具

美国企业生产产品并非都是出于功利主义原因。一些产品被生产出来就是因为很好玩。玩具产业的建立依托于孩子们，他们是消费者支出方面最有影响力的人群之一。在许多玩具背后都隐藏着一个有趣的故事。虽然有些玩具的创意不值一提，但当你发觉它们陪着许多孩子们度过了童年后，你才会懂得这些玩具都算得上是天才之作。下面列举的是一些大人和他们所制作的玩具[1]。

1. 莫里斯·米奇汤姆（Morris Michtom）——泰迪熊

西奥多·罗斯福常在户外活动，是个猎手，但他又是一

1 信息收自于 www.historychannel.com/exhibits/toys。

个喜爱动物的人。有一次他和他的一些助手以及记者们一起外出打猎。一连几天，报纸都在报道这位总统一个猎物也没有打到，并以政治漫画的形式进行了绘声绘色的描述。最终，罗斯福总统的助手们发现了一头熊，他们把这头熊逼到走投无路，想把它作为战利品献给罗斯福。但罗斯福总统非常同情这头熊，没有用枪把它打死。位于布鲁克林的一家商店店主莫里斯·米奇汤姆看到了罗斯福和熊宝宝的漫画，随后产生了灵感，制作了一款新的玩具 。他制作了一只小熊的毛绒玩具，放在商店的橱窗中，旁边一张纸条写着“泰迪熊”。这个玩具立马大获成功，米奇汤姆不久后成立了创意玩具公司，这家公司现在仍然存在。

2. 弗雷德·莫里森（Fred Morrison）——飞盘

即使那些最不擅长体育运动的青少年们也会热衷玩飞盘游戏，但很少有人知道这个玩具的历史，而知道它如何飞起来的人就更少之又少了。玩具的名字取自福瑞斯比派饼店，这家店制作派饼。在 19 世纪末期的时候，耶鲁大学的学生发现饼盘有着不同寻常的空气动力特性；也就是说，它们可以很轻易地飞起来。剩下的事情就是我们熟知的历史了！业余发明家弗雷德·莫里森曾用茶碟做过实验，他还通过挤压塑料制作出圆盘形状的模型。最终他把自己的设计发明卖给了惠姆－奥玩具公司，这家公司成功地把飞盘推向了市场，这个玩具因福瑞斯比的名字而被众人所熟知。

3. 埃利奥特（Elliot）与露丝·汉德勒——芭比娃娃

芭比娃娃在1959年纽约举办的美国国际玩具展上首次露面。芭比娃娃是由埃利奥特·汉德勒和他的妻子露丝一起设计而成的，两人是美泰玩具公司的创始人。娃娃以他们的女儿芭比命名。后来出现的肯同样大有来头，因为它代表的是汉德勒夫妇的儿子。在面世后，芭比娃娃并没有立马获得成功。但50年后，芭比娃娃成为市场上最成功并且最长寿的玩具。

4. 查尔斯·达罗（Charles Darrow）——强手棋游戏

达罗曾是宾夕法尼亚州日耳曼敦镇的一位工程师，他在经济大萧条时期丢掉了饭碗。他想在油布上设计一款游戏，后来在他家厨房餐桌上他还真的设计了出来。他离新泽西州海岸特别近，这令他灵感大发，于是在游戏中加入了许多地标设计，在一个虚拟的世界中买卖这些地产。他在这个比拼机会与技巧的游戏中使用了亚特兰大市的一些街道和地产名称。1934年他把这个游戏的想法告诉了帕克兄弟公司。他的想法因为游戏中存在许多设计错误被否决掉了。这些批评他游戏的人认为他的游戏太过复杂、节奏太慢。面对这些挫折，达罗试探性地想把这个游戏卖给其他感兴趣的买家。在看到了这个游戏引起了许多买家的兴趣后，帕克兄弟公司改变了主意，买下了强手棋游戏的版权，但没有透露具体的交易金额。

5. 唐纳德·邓肯（Donald Duncan）——悠悠球

邓肯是一位已经获得过几次商业成功的企业家，他发明的都是一些比较冷门的产品，比如停车表、电影银幕以及爱斯基摩派。1928 年邓肯在洛杉矶遇到一个名叫佩德罗·弗洛雷斯的年轻人在玩他的悠悠球。邓肯很喜欢这个玩具，以至于他还买下了弗洛雷斯的公司，并且雇了几百人到全国各地展演玩转悠悠球的技巧，比如“遛球”和“全球”等。这一举措扩大了悠悠球的需求量，一个新的市场应运而生。据说在数千年之前希腊人就已经会玩悠悠球了。这款玩具经历了时间的考验，在今天，世界各个国家都能找到这种玩具的身影。

6. 埃德温·宾尼（Edwin Binney）和 C. 哈罗德·史密斯（C. Harold Smith）——蜡笔

19 世纪末 20 世纪初的时候，宾尼 & 史密斯化学公司生产滑石笔和教室用的粉笔。埃德温·宾尼和 C. 哈罗德·史密斯两人是表兄弟，所创办的化学公司也以两人的名字命名。他们发明了一种蜡笔，在工厂里用来标记板条木箱和其他箱子。这种笔书写起来字迹更加整洁，而且比起从欧洲进口来的那些产品，这种蜡笔是大众能够买得起的替代品。他们生产的这种产品无毒，而且更容易大批量生产。这种蜡笔在美国文化中占有重要的位置。

7. 阿尔弗雷德·莫舍尔·巴茨（Alfred Mosher Butts）与詹姆斯·布鲁诺特（James Brunot）——拼字游戏

20 世纪 30 年代初，这位失业的建筑师获得了创意灵感。他想把猜字谜以及填字游戏和棋类游戏进行混合。在研究了《纽约时报》头版文章后，他计算了某类字母出现的频率，以增强游戏的难度。在他新发明的游戏中常出现的那些字母得分值比较低。有了这个想法后，巴茨把这个创意卖给了康乃迪克州的企业家詹姆斯·布鲁诺特，布鲁诺特把这个游戏命名为“Scrabble 游戏”，意思是疯狂地寻找某物。布鲁诺特和他的太太在家里制作出了这个游戏，同时也获得了启动生产所需的足够订单。最终他把这个游戏卖给了一位游戏生产商。

8. 理查德·詹姆斯（Richard James）——机灵鬼弹簧圈

詹姆斯在“二战”中是一位海军工程师，主要研究如何利用弹簧减少海军战舰船板的震动问题。幸运的是，詹姆斯发现一种扭转弹簧只要在正确受力的情况下可以自行走路前进。詹姆斯的太太把这种弹簧叫作“机灵鬼”。接下来这种神奇的玩具进入了千家万户。

9. 阿瑟·梅林（Arthur Melin）与理查德·纳尔（Richard Knerr）——呼啦圈

这两个发明者从一位朋友那里获得了灵感，他看见澳大利亚的小学生在腰上甩一个竹子做的圆圈。和 yoyo 球一样的是，呼啦圈也被认为是自打古代就有的玩具。有些人甚至引证说这种玩具起源于公元前 1000 年的古埃及。如果有什么玩具能够历经时间考验的话，那它一定是呼啦圈了。在呼啦圈被引入的第一年里，有 1,500 万个呼啦圈生产问世。

10. 埃莉诺·阿博特（Eleanor Abbott）——糖果乐园游戏

阿博特患有小儿麻痹症。当她在加利福尼亚的家中休养时，她为同样患上这种可怕疾病的孩子们设计了这款游戏。糖果乐园游戏对孩子们非常有益，里面有很多美味的地方，比如薄荷冰棒森林和橡皮糖软山。米尔顿·布莱德利（Milton Bradley）后来买下了这个创意。以糖果为主题的糖果乐园游戏也历经了时间的考验，陪着一代代的孩子们长大，但却并没有让孩子们长出虫牙。

第三十二章　带他们参观工厂

这是在那个烟囱耸立、进行大工厂流水线生产时代常会用到的一种销售策略。把那些潜在的顾客带到工厂里来，向他们展示这家公司的产品是如何生产出来的，这对企业和消费者来说都是十分有趣的做法。时下还有许多生产商欢迎普通大众走进工厂，观看可乐、糖果和休闲车是如何进行生产的。如果你想寻找一本能够告诉你哪家公司提供参观工厂行程的参考书的话，那么去书店找一本叫作《看它在美国生产》的书，作者是凯伦·艾索拉德（Karen Axelord）和布鲁斯·布伦伯格（Bruce Brumberg）（2002）。这本书堪称是工厂旅游信息的宝库，全书书写精准、研究详尽，还为全家旅行提供了良好的路径。下面列举了十家值得参观的工厂[1]。

1　信息收集自《看它在美国生产》，作者凯伦·艾索拉德和布鲁斯·布伦伯格（纽约：阿瓦隆旅游出版社，2002）。

1. 果冻糖豆糖果公司

位于加利福尼亚州费尔菲尔德的这家公司颇以自家工厂观光游而自豪。这家公司每年生产140亿颗果冻糖豆。这140亿颗果冻糖豆要按照400种不同口味分别摆放，这对公司的业务经理来说是个不小的问题。游客可以参观生产设备，观看一些大多数人从未看过的果冻糖果的生产过程。据说在参观结束后，游客会收到一包重三盎司的果冻糖果试吃礼包。

2. 约翰·迪尔公司

开车穿越美国的腹地地区，经过那琥珀颜色的麦田，你可能会见到在广袤、种满庄稼的农田中几辆绿色拖拉机工作的景象。约翰·迪尔牌拖拉机和农业装备在伊利诺伊州的莫林市制造。如果你造访莫林市，一定要去参观迪尔公司。游客能够亲眼看到组装绿色车身以黄色作为装饰色的农业设备的全过程。你可以亲自见到拖拉机在组装线上制造完毕，这些设备会为世界各地的农业生产提供一臂之力。

3. 科德角牌薯片公司

每年都会有成千上万的游客来到马萨诸塞州海恩尼斯的

科德角参观，肯尼迪家族的世世代代也会在海恩尼斯的家中度过炎炎夏日。除了拥有天然海滩、好吃的龙虾以及航海设施外，这里还有一家小型工厂线生产薯片。工厂面向公众开放，可供游客游览，见识上好的、天然烹制而成的薯片。游客不仅会学到薯片的制作过程，在游览结束时还会收到一包免费试吃的薯片，那时你就会知道科德角公司生产的薯片有多好吃了。

4. 普瑞纳农场

欢迎来到密苏里州的格雷山顶，这里是普瑞纳农场的所在地。在这里你会见到一栋建筑，里面有各种宠物和宠物的食品。游客不仅可以观看宠物食品的生产过程，还可以去旁边的一栋建筑中参观宠物乐园以及历史最悠久、全美最大的一家动物营养中心。在普瑞纳农场还可以欣赏不同类型的动物表演，包括狗狗训练秀、狗狗游泳秀以及奶牛挤奶表演等节目。这个以宠物为主题的乐园能够真正地创造一个宠物友好型生存环境。

5. 巴克刀具有限公司

如果你是爱刀之人，那么你可以找到一个理想的热门游览景点——加利福尼亚州的埃尔卡洪。巴克刀具有限公司锻造可随身携带的优质刀具已经多半个世纪了。这家公司生产的刀具深受猎手、渔夫、伐木工以及世界各地像汤姆·索亚（Tom Sawyer）那样酷爱冒险的人士的欢迎。游客可以参观整条流水生产线，见证从未加工的钢材到最终产品检验一系列过程。

6. 暇步士鞋

每个人都知道这家公司。暇步士鞋的鞋盒上印有一只表情忧伤的长耳猎犬。生产暇步士鞋子的孤狼世界制鞋公司位于密歇根州的罗克福德，是美国优等羊皮皮鞋的产地。暇步士鞋于 1957 年问世，这些鞋子现在还在生产，游客进入工厂后就可以参观鞋子的制作过程。

7. 清风有限公司

如果你去俄亥俄州杰克逊中心的话，一定要去参观制造业的圣地——清风公司，它是美国最负盛名的生产休闲车辆的公司之一。你一定见过他们生产的车。度假者们会开着这些时髦的房车前往世界各地。它们看上去很像一颗巨型银色子弹，拖在汽车的后面。这种房车实际上是用高级铝合金制作而成的。瓦利·拜厄姆（Wally Byam）是这些房车的发明者，那时营地如果没有厨房的话，他太太是不会去露营的，于是他在 20 世纪 30 年代初期建造了自己的房车。他的设计参照了飞艇外形，用铆钉固定外壳，令车身平滑，符合空气动力学原理。全球各条高速路与偏僻小路上都能见到拜厄姆的杰作。

8. 美国哨子有限公司

如果你在俄亥俄州的话，可以转飞到哥伦布市，参观另外一家你之前可能听说过的生产制造商：美国哨子有限公司。你看到裁判、警察以及军士使用的这种电镀外身的哨子可能就是这家公司所生产的。前往工厂游览的游客可以学习哨子制作工艺。你会学习到哨子里的小球是如何放进哨子里去的、哨子如何发出声响以及美式哨子为何比老式哨子更胜一筹的原因。游客会收到一个镀铬哨子作为参观留念。游览行程适合好奇心很强以及那些想要知道常见事物背后隐藏故事的游客们。

9. 缅因汤姆公司

他们生产的是名字简单的小件商品。公司位于缅因州的肯尼邦克港，这里是前总统乔治 · H.W. 布什的避暑胜地。缅因汤姆公司生产全天然的清洁产品，产品包括牙膏、漱口水以及除臭剂等。公司创始人是汤姆（Tom）和凯特 · 夏贝尔

(Kate Chappell),他们移居缅因州是想要过上一种简单的生活。游客可以观看那些心情愉悦的员工在一个轻松的环境中工作的情景。前往工厂参观的游客可以看到夏贝尔在一个改造过的火车站里建造出的有趣的生产线。游客结束参观后可以得到一份清洁用品。

10. 庞培牌橄榄油

不是所有的橄榄油都是在西班牙或意大利生产的。庞培橄榄油和红酒醋的生产地位于马里兰州的巴尔的摩。参观工厂的游客可以获得相关产品的宝贵信息,橄榄油作为一种健康脂肪,从古至今都是美食家们钟爱的食物,越来越受到大众的欢迎。游览行程为游客量身定做,让观众感受橄榄油和红酒醋的香味、味道以及制作工艺——一切皆是美国制造。

第三十三章　和山姆大叔做生意

做生意不是仅为了有利可图才向客户提供服务。美国的经济中有很大一大部分都要依靠美国联邦政府。政府国防订单合同具有周期性，合同承包商的利润取决于随时间而改变的政府合同。但几家合同承包商总有办法进入我们排行榜的前十名，下面列举的就是一些进入前十排名的政府合同承包商，在不久的将来他们也极有可能还将停留在这份前十榜单中。

1. 洛克希德·马丁公司

这家公司是由洛克希德公司和马丁·玛丽埃塔公司合并组成的。在航空航天领域，洛克希德·马丁公司扮演着中流砥柱的角色，为美国政府和世界其他国家生产各种设备与系统。2002 年这家公司获得一笔价值 170 亿美元的政府合同。洛克希德·马丁公司不止一次地获得过美国政府的国防合同，而且在未来也将会继续这种局面。

2. 波音公司

你知道这家公司是因为在过去听说过波音 747 客机。在那时乘坐波音 747 客机非常流行。这家位于西雅图的公司时不时会因为获得一大单国防合同以及商业合同而出现在新闻中。或者是因为波音公司的工会号召罢工游行而让人们知道了他们。最近波音公司把总部从西雅图旧址迁往了伊利诺伊州的芝加哥，在西雅图这个西北城市中只剩下了孤零零的星巴克公司。2002 年波音公司像洛克希德 · 马丁公司一样获得了 170 亿美元的国防合同，你在任何一年的美国国防合同承包商名单中都会找到波音公司。这些巨头公司永远不会落选。

3. 诺斯罗普格鲁曼公司

这家公司为阿波罗太空项目制造大部分设备和车辆，也为美国海军生产战斗机，并且还掌控作为世界核能工程中心的纽波特纽斯造船厂的股权。诺斯罗普格鲁曼公司的不同部门和子公司总共获得了价值 87 亿美元的政府合同，他们也是美国国防合同承包商前十排名中的常客。

4. 雷声公司

这家位于马萨诸塞州的公司一直是生产防御电子设备的大本营，而且还是世界领先的导航设备生产商。和其他国防合同承包商一样，雷声公司拥有类型齐全的子公司，例如雷声航空航天控股公司、雷声培训公司、雷声服务公司，在英国和加拿大也有全球性子公司。21 世纪初雷声公司获得了 70 亿美元的国防合同，在美国国防领域做出了令人刮目相看的贡献。2001 年 9 月 11 日，雷声公司在撞机事件中不幸失去了几位公司雇员。

5. 通用动力公司

这家商业大佬公司不仅通过制造飞行器赚钱，赚钱的渠道还包括生产能够在水下以及水面漂浮的产品。是的，通用动力公司为美国海军建造了大批的水下潜艇。 康涅狄格州的格罗顿是美国海军核潜艇基地之一，它离通用电力公司建造潜艇的地点非常近。这家公司还拥有位于缅因州的巴斯钢铁造船厂，而另外一家子公司国家钢铁与造船公司则位于西海岸地区。这家公司获得了价值 60 亿美元的国防防卫合同，而且总能进入美国国防承包商排名前十或前 20 的榜单中。

6. 联合技术公司

这家公司是集众多科技公司于一身的巨头商业联合集团，其中包括一些大家耳熟能详的公司，例如位于纽约雪城的空调企业开瑞机械公司，以及制造燃气涡轮发动机的惠普公司等工程技术企业。联合技术公司坐落在康涅狄格州哈特福特地区的西北部，在 21 世纪初的几年中获得了价值 36 亿美元的防卫合同订单。

7. 科学应用国际有限公司（塞克）

你可能从来没有听说过这家公司。它在美国国防承包商名单中显得那么默默无闻。公司总部设在加利福尼亚州的圣地亚哥，在全美遍布着许多家分公司。它获得了国防开支中大部分的资金，而且还拥有一些从事工程设计和信息科技咨询与设计等专业的子公司。2002 年这家公司获得了价值 20 亿美元的国防合同订单。

8. TRW 有限公司

TRW 公司在美国国防合同方面也有着较强的实力。这家公司旗下有着几家大型子公司，在国防电子与信息科技方面掌握着特别优势，并获得过20亿美元的国防合同订单，即使进入不了国防承包商前十的排名，也能够入主前20强的排名。

9. 健康网络保险公司

这也是一家你或许不太了解的公司。它也是一家具有雄厚实力的国防合同承包商。健康网络公司是全美最大的上市健康医疗公司之一。这家公司下属的健康维护组织，负责保险理赔的优先提供者组织和承包政府合同的子公司，通过群组、个人、医疗保险、医疗补助和军队医疗系统等项目提供健康福利服务，产品范围惠及15个州的530万人口，其中还包括享受不同健康服务项目的美国现役与退役军人。这家公司是顶级国防合同承包商之一，它让我们相信除了飞机、水下潜艇与火箭外，我们的健康与医疗维护服务也同样珍贵。

10. 通用电气公司

这家公司在过去数十年中一直都是美国政府国防合同的承包商之一，未来也还将继续这种合作。公司位于康涅狄格州的费尔菲尔德，是飞机发动机行业的龙头老大，为美国海军打造不同类型的战斗机。通用电气公司也同样生产机动车辆、电子设备、塑料制品、核能服务产品以及其他系列产品，所以它也是进入国防合同承包商前十排名中的一家公司。2002年通用电气公司和美国国防部签订了一笔价值16亿美元的合同，令公司在全美成为家喻户晓的企业，同样也是一家扮演重要角色的国防合同承包商。

第三十四章　从实验室中来

试验与试验误差推动资本主义在过去的数个世纪中不断发展前行。各种材料都被用于试验。如果材料奏效，它们会进一步测试，如果没有作用，就会被抛到一边。这个过程就是推动一些科技公司进行研发的动力。一些公司会独立进行研发，但许多公司会把带有津贴的研究合同外包给国内的一些公立以及私立大学。如果你看看这些大学中制造专利产品的智囊团的话，你会发现这些研发专利产品的高等学府五花八门。下面列举出了一些主要的大学与学院以及它们在 2002 年获得专利权产品的数量[1]。

1　信息收自于 www.uspto.gov。

1. 加州大学

2002年加州大学一路领先，以获得431项专利权的总量位居各校之首。加利福尼亚州是美国最大的一个州，而且加州大学的规模也非常庞大。无论是从学校的规模还是创造专利产品的能力来说，加州大学都是排名第一的学校。

2. 麻省理工学院

在2002年获得了135项专利权的麻省理工学院因在科学技术领域杰出的学术能力而被众人所熟知。巧合的是，这所获得专利权数颇多的学府在2002年的自杀率也是最高的。无论如何，为科学工程领域输送优秀人才的麻省理工有着悠久的历史，声誉良好，在专利权上数量排名靠前则是理所当然的。与此同时，麻省理工也培养出大批的诺贝尔奖获得者。

3. 加州理工学院

位于加利福尼亚州帕萨迪纳市的加州理工学院因获得109项专利权而榜上有名。这里有研究飞机推进力的实验室以及众多闻名遐迩的科学技术研究所。洛杉矶地区一些重量级的航空航天公司就坐落在学院周围，加州理工学院还招收了美国各州一些在专利产出方面处于领先地位的大学的本科生。

4. 斯坦福大学

斯坦福大学有着 104 项专利权，成绩非常喜人。要找出一些顶级专利获得者我们还得继续停留在加利福尼亚州。斯坦福与著名的硅谷近在咫尺。这个与电脑技术中心非常贴近的地理位置具有重要意义，它能够让斯坦福大学像其他行业的公司一样为硅谷提供专利产品。

5. 德克萨斯大学

拥有 93 项专利权的德克萨斯大学令乔治 · W. 布什总统非常自豪。德克萨斯大学坐落在德州的首府奥斯丁市，是另外一所所在州面积较大的州立大学。因此，德克萨斯大学具有更广阔的人才储备库，所以这所大学把自身能够获取到的各种优势投入到专利研发中去。加油啊，德克萨斯大学！

6. 约翰斯 · 霍普金斯大学

这所位于马里兰州的大学不仅仅因曲棍球而闻名，它还获得了 81 项专利权。约翰斯·霍普金斯大学在学术、制药、体育方面有着良好的声誉。无论这所大学进行何种工作，都能做得非常出色，因为临近麻省理工学院，约翰斯·霍普金斯大学能够在大学专利权排行上领先于东部各州，至少在 2002 年是这样的。

7. 威斯康辛大学

现在要说的这所大学完全不同。拥有 81 项专利权的威斯康辛大学证明这个出产奶制品的州不仅有个州立大学，而且这所大学还是富有创新性、创造性以及进取心的，培养出一大批人才。所以这所大学因向这个世界贡献出许多专利产品而榜上有名。

8. 纽约州立大学

"如果在这里能够获得成功，那么在其他地方也可以"——这是不是西纳特拉在歌曲里唱到的那个纽约城？这所州立大学在 2002 年获得了 55 项专利权。和其他大学一样的是它也是一所大型的州立高等学府，享有世界上数一数二的一些优势。这所学校似乎很成功地运用了自己的资源优势，同时也是一所主流的专利产品研发大学。

9. 宾夕法尼亚州立大学

如果约翰斯·霍普金斯大学的优势是曲棍球，那么宾夕法尼亚州立大学的优势项目则是足球。这所大学在 2002 年一共获得了 50 项专利权。开车到宾夕法尼亚州的话你会看到一个写着“美国由此开始”的巨型广告牌。在这个州的州政府网站上和这个州颁发的所有牌照上都会见到这句标语。所有这些造就了这所顶级的专利产品研发大学，你也会对这家州立大学的教学标准印象深刻。下次你开车再次到访这个州的时候，你可能会喃喃自语道：“美国专利产品由此开始。”

10. 密歇根州立大学

因在 2002 年获得了 49 项专利权，密歇根州立大学错失良机，排在了宾夕法尼亚州立大学之后。和宾夕法尼亚州立大学相同的是这所高校的优势项目也不仅仅是足球。在密歇根州，这所高校与密歇根大学并驾齐驱，也是一所顶尖的专利产品研发大学，但在这个特定地区特定的时间里——密歇根州立大学打败了对手，最终胜出。

第三十五章　送货上门

交通工具不仅运人，也能运货。现如今，我们渴望立即拥有一切，如果不是因为一些著名的货物速递公司，那么我们根本不可能享受到当今送货上门的便利服务。下面是一些使“送货上门”服务在当今这个快速消费社会中成为传奇的里程碑式的事件[1]。

1. 富国公司成立（1852）

你在电影里见过他们，也会听说过有关马车送货的传奇故事。这家公司于 1852 年由亨利·韦尔斯（Henry Wells）和威廉姆·G. 法高（William G. Fargo）创办，在当时它并不

1　信息收自于 www.treas.gov/offices/domestic-finance/usps/docs/parcel_history_final.doc。

仅仅是一家私人快运公司，还创造性地从西部新前沿地区向美国其他地区运输货物。

2. 小马快递公司成立（1860）

和快递服务有关的传奇故事很多很多，但或许又没有你想象得那么生意兴旺。对于快递的服务需求是有的，但小马快递公司并没有真正地从中获利。这家公司当时对半盎司重的信件收费一美元，相当于现在的 23 美元。这笔服务费对于当时的人们来说是负担不起的。但小马快递能够帮助那些可以支付得起快递费用的人们运输货物。1866 年富国公司买下小马快递公司。

3. 跨洲铁路完工（1869）

1869 年中部铁路与太平洋联合铁路在犹他州的普瑞蒙特瑞交汇到一起。借用机械的力量进行货物运输现在成为了可能。此种科技技术的引进改变了大型包裹货物运输的方式。在铁路时代来临之时，富国快递公司还在鼎盛发展时期，与美国邮政服务成为了竞争对手。铁路货物运输成为了一种新的货运方式。

4. UPS 陆运服务公司成立（1907）

1907 年，来自西雅图的两位年轻人吉姆·凯西（Jim

Casey）和克劳德·赖安（Claude Ryan）成立了美国信息公司。这家公司的员工大多数都是走路或骑车运输包裹和办理业务，只有一些运输任务是用汽车完成的。他们在行业中首先提出了包裹寄送的概念。公司稳步发展，从西雅图走向了全美各地，1930 年公司改名为联合包裹服务公司。

5. 包裹邮政（1913）

1913 年，包裹邮递是美国邮局推出的一种寄送服务。在这之前，商人会把他们的货品送到最近的交通运输中心，使用个人货送服务把货物发出去。包裹邮递服务接到的最另类也最好玩的一个客户要求是某人要寄送整栋银行，一次运送一块砖头。

6. 美国捷运公司成立（REA)（1929）

富国快递公司与其他六家快递公司在 1929 年商定成立了美国捷运公司。尽管这家公司早已不存在了，但还是经营了 46 年的光景。就像今天的联合包裹服务公司（UPS）和联邦快递（FedEx）两家公司特征明显的卡车一样，捷运公司的绿色卡车和有轨电车对于许多人来说就是包裹到达的标志。

7. 州际间高速公路系统的建立（1956）

我们要感谢州际间的高速公路网络，因为它可以让我们在陆地上快速且无忧无虑地穿行于各个不同的地区。它为包裹运输行业带来的优势是建立了一个跨越大陆的超级高速公路网络。这条州际间高速公路系统令 1978 年航线管制撤销法案、1980 年州际间货车运输管制撤销法案以及 1994 年州内货车运输管制撤销法案等法规出台实施，尤其是在 20 世纪末的时候，为从卡车运输过渡到航空运输这一转变做出了重要贡献，标志着现代包裹运输产业的成长。

8. 联合航空快递服务公司成立（1953）

1929 年联合包裹服务公司创立联合航空快递服务公司。这项空运包裹服务能够通过航空快递方式把快件送到西海岸的城市。联合包裹服务公司在之前曾经尝试过空运的方式，但在这个领域里难以抵挡竞争。由于股市大崩盘，联合航空快递公司在经营了八个月后不得不关门谢客。直到 1953 年 UPS 才恢复航空快递服务，利用定期航班向东西海岸一些主要城市提供两天到货的包裹服务。

9. 联邦快递公司成立

如果没有联邦快递我们该怎么办？联邦快递于1973年4月17日起开始营业，使用孟菲斯国际机场的14架小型飞机开展业务。弗莱德·史密斯（Fred Smith）在一家报纸上发表过一些见解与观念，设想建立一个集散中心，货物可以在这里进行汇总、分类以及转发包裹到目的地去。他的这个分类发送包裹的概念源于偶然。史密斯正在争取联邦储备银行的一份合同，虽然这个提议被否决了，但他仍坚信这项主张适用于信件快递与小型包裹邮递服务。

10. 电子商务革命

富国快递公司通过破旧不堪的铁路线运输货物的方法早已落伍，和今天的网络时代似乎间隔着若干光年。信息技术上获得的投资以及技术的进步能够让包裹承运商在包裹从发货地运到目的地的过程中向顾客提供包裹的追踪信息。先进的技术把物流与传统运输公司对资金和库存的管理加以结合，为完整的供应链管理提供了全面的解决办法。此外，软件、书籍、音乐与文件等现在可通过电子方式在电脑间进行传输。据估计，通过空中与陆地运输的包裹货物价值占到国内生产总值的8.6%—14.3%之间。这是何等的进步啊。

第三十六章　在家办公成为富翁

在过去，家庭式企业被看作是出于爱好的原因或增加额外收入的目的而开展的一项副业。家庭式企业为美国经济带来的贡献相当于人数不到500名员工的所有小型企业做出贡献总值的5%。家庭式企业的重要性因信息科技技术的革命性创新而与日递增。同时它也为各个国家与地区的企业家和家庭创业者们提供了良好的商机。但一直以来家庭式企业却被人所误解。

出现这种误解的原因或许在于有关家庭式企业的信息少之又少。而仅存的一些信息却大吹大擂地对成功以及走出家庭创业梦想进行宣传。美国小型企业管理局在1997年进行了一项研究，发现了一些对家庭式企业鲜有人知的信息[1]。

1　信息来自于www.ftc.gov以及www.sba.gov.网站。

1. 寻找帮手

以家庭为主的企业并不见得就是一个人单打独斗做生意。19% 的家庭式企业都有雇员。

2. 运转资金并不雄厚

一般来说赚得大笔利润并不是家庭式企业的特质。1997 年所有家庭式企业平均收入是四万美元，这个数字在不同地区会有变化。而启动资金为五万美元的公司大部分将会成为非家庭式的企业。

3. 文书工作最为重要

从事平凡的商业服务往往能带来更大的成功，例如文书服务或文字工作。适合在家开展的最普通的三种生意类型为——文书服务、生产工作与沟通工作——而获得利润最多的则是在家进行文书工作的公司。男性创建的家庭公司更倾向在家进行文书工作；而女性创办的家庭式公司在家更容易进行产品制造工作。

4. 鞋带生意流行

家庭式企业往往都是靠生产鞋带起家的。1997 年 40%—44% 的家庭式企业仅需要不到 5,000 美元的启动资金。另外 25% 的家庭企业需要 0.5 万—2.5 万美元的启动资金。而有四分之一的非家庭式企业至少需要 2.5 万美元才能开始创业。

5. 待在家

为了获得成功而把企业迁到其他地方不是必要的。家庭式企业更倾向把办公地点设在家中——只有不到 5% 的企业最终还是把公司搬出了家庭。有证据显示资本限制是阻碍公司扩张的因素。诸如建筑、交通、通信以及公共事业等行业证明在家或在其他地点办公所获取的收益是一样的。在这种情况下，家庭是文书工作公司最理想的办公地点。

6. 办公时间减少

家庭式企业主不会像其他老板一样投入过多的时间工作——他们每周平均的工作时间在 26—35 小时之间。相反，非家庭式企业主每周平均工作时间在 35—43 小时之间。

7. 生机勃勃

家庭式企业的前景一片大好。有超过一半的家庭式企业生存时间超过五年。而家庭式企业关门倒闭的主要原因是缺少资金以及无法获得商业贷款。美国小型企业管理局在20世纪90年代初期对这些企业做了研究，有85%雇佣带薪员工的家庭式企业能够存活下来，而那些没有雇佣带薪员工的家庭式企业只有51%能够生存下去。

8. 自动化

使用信用卡与建立网站的商业策略是获得成功的明智之举。这两个措施能够加快公司支付与接收订单的速度，制定成型的互联网策略。随着互联网商务变得愈发深奥，家庭式企业会需要更多的资金发展能够盈利的网络公司。

9. 如何选址

地理位置无关紧要。家庭式企业应用科技手段无须每日面对面的沟通就可以实现团队合作。这可以让家庭式企业摆脱地域条件的束缚，扩大销售。

10. 个体市场

家庭式企业的产品向个人出售——事实上，60% 的家庭式企业的主要买家都是个体客户。大约 10% 的客户是当地的，也有本州或是联邦政府一些机构。根据小型企业管理局统计，和政府做生意的非洲裔美国人创办的家庭式企业数量比其他种族群的要多。非少数民族男性创办的家庭式企业的商家对商家间的销售额是最高的，占总体的 43%。

第三十七章　儿童麦片

一本正经地探讨儿童燕麦片这件事似乎很幼稚，但千万别因为那些明亮的颜色、漂亮的卡通形象就上了当。儿童燕麦片是一桩大买卖——正经且大有作为的生意。一个易于识别的卡通人物形象为品牌提供了产品辨识度，能够影响到顾客只购买这家而不是别家产品的选择权，这一现象在 20 世纪的早餐餐桌上最具有代表性。下面列举出的是燕麦片盒子上较为著名的一些卡通人物形象[1]。

1. 契克斯兔子

契克斯兔子的形象在 1959 年首次面世，广告语是“蠢

1　信息收自于 www.lavasurfer.com/cereal-guide.html。

兔子，契克斯是给孩子们吃的”。人们可能会说这种有着“覆盆子红，柠檬黄，橘子黄色”的圆球状燕麦片看上去确实很像给兔子吃的食品。

2. 嘎吱船长

谁不会给咸海船长在心中留下一个特殊的位置呢？桂格燕麦公司在1963年设计出了嘎吱船长这个角色。他住在嘎吱岛上，与副船长一起驾驶一艘叫作孔雀鱼的船。全美国的孩子们都会阅读印在燕麦盒背面的船长冒险故事，而且还会攒齐盒盖兑换嘎吱船长、他的船员们以及和船长伙伴们的促销商品。

3. 老虎托尼

除非你的童年是在火星上度过的，否则你一定知道老虎托尼这个活力四射的角色，他认为自己的燕麦片是“最最最最好吃的”。这个角色是家乐士公司在1951年创造出来的，并且经过了时间的考验，现如今在全球大多数的商店中都还会找到印有这个卡通形象的燕麦片。

4. 水果圈燕麦片的大嘴鸟

这个大嘴鸟的名字叫作山姆，它是水果圈燕麦片公司当仁不让的标识。家乐士公司从1963年起把这个卡通形象印在商品外包装上。在那时，你可能会注意到这个卡通形象在嘴和羽毛上的变化，以及在产品种类上的革新——他们推出了水果圈棉花软糖，以及最近出品的低糖水果圈产品。

5. 桂格公司卡通人物

1877年，桂格是第一家把卡通人物作为商标放到燕麦片包装上的公司。桂格公司的卡通人物头戴着一顶宽檐礼帽，脸上挂着浅浅的微笑，成为了世界闻名的标识——它是公司燕麦产品的标志，与此同时桂格公司也会生产一系列非燕麦类的产品。他们没有意识到自己开创了一种出售早餐麦片的新方法，而这种方法可能会流传万代。

6. 麦粉公司主厨形象

他有个名字叫作：拉斯特斯，是艾马利·梅普斯（Emery Mapes）在1890年创作出来的麦粉公司的人物形象，艾马利也是北达科他州钻石磨坊公司的老板。然而我们今天见到的拉斯特斯卡通形象却是在20世纪20年代才设计出来的。故事是这样的，这个卡通人物的原型是一位芝加哥的服务生，收了五美元酬劳后他穿着主厨白色的帽子和外套摆出造型拍照。他是个非洲裔美国人，一天到晚总是乐呵呵的，似乎永远没有烦恼，端上一碗热乎乎的燕麦片，这个造型出现在燕麦片广告以及这个老字号品牌的商标中。

7. 幸运小精灵

它们尝上去如何？如果你的回答是“味道神奇极了”那么你的答案是对的，而且说明你对儿童早餐燕麦片也一定有所了解。小精灵的形象出现于 1964 年，在这个时期大多数儿童燕麦片公司都推出了一些经典的卡通形象，这些形象出现在了燕麦片盒子上并一直沿用至今。最开始这种燕麦片上面还有棉花糖颗粒，有粉色桃心形的，有橘子色星星形的，有黄色月亮以及绿色丁香形状的。通用磨坊公司还在不断翻新各种颜色的棉花糖颗粒。

8. 加州葡萄干音乐组合

即使是葡萄干燕麦片也可以通过广告公司的一则创意而贴近生活。博达大桥广告公司提出了加州葡萄干音乐组合这个创意，随后由黏土动画家比尔 · 文顿（Bill Vinton）创作出了该组合的卡通形象，宝氏公司普普通通的燕麦片才这样走进公众的视线。文顿的动画制作公司拍摄一条广告，在片子中加州葡萄干音乐组合演唱了一首叫作“没有不透风的葡萄篱笆墙”的歌曲。和其他传统燕麦片卡通形象不同的是，这些满身褶皱唱着歌曲的葡萄形象直到20世纪80年代才被设计出来。他们甚至还有自己的电视剧集，播出时间从1989年9月一直持续到1990年9月。

9. 糖果熊

宝氏糖脆燕麦片以及其后续产品都是由这个举止友善、穿着螺纹V领毛衣的乖乖熊代言的。这个小熊是在20世纪60年代设计出来的，一起面世的还有其他一些比较有名气的燕麦片卡通人物，在哥伦比亚广播公司甚至还播出过这个小熊的电视剧集。糖果熊的声音听起来有点像迪恩·马丁（Dean Martin）[但事实上给它配音的是格里·马修斯（Gerry Maeehews）]，它会冒着风险去寻找糖脆燕麦片，并通过20世纪60年代发明的电视机教会在客厅中收看电视的孩子们这样去做。在今天这个人人关注自身健康的世界里，糖脆燕麦片改掉了原来的名字，现在叫作“金色麦片”。

10. 劈里、啪啦、嘭嘭

自1933年起脆米花一直都是由这三个人物代言的，他们不仅一起挤兑其他竞争对手，并且突出表现了脆米花燕麦片的卖点——松脆。这几个人物造型设计的时间要远早于其他著名燕麦片卡通形象的创作时间，这三人的头上都戴着有自己名字的帽子。劈里戴着一顶面包师的帽子，啪啦戴着一顶红白条纹的绒线帽，而嘭嘭头上顶着一顶军帽。劈里的形象是在 1933 年设计出来的，而啪啦和嘭嘭是在 1941 年被创作出来。这三个卡通人物经典永恒，即使在今天，在脆米花的盒子上仍然能够找到它们三人的形象。

第三十八章　大富翁游戏

说到美国工商业就不能不提到大富翁游戏对它的深远影响。这款垄断游戏一直被无数代美国人津津乐道，里面蕴藏的商业气息非常浓重。这盘对企业收购、控制与带来商机的竞技游戏既为我们的资本主义经济带来了趣味，又反映出了它的实质。当一场游戏能够持续如此之久的时间并能变换出各种不同面貌之时，这就需要我们仔细观察其鲜为人知的特性。下面列举出的就是关于这盘游戏你可能不知道的一些奇闻轶事[1]。

1. 奇怪的概率

1996 年的一期《科学美国人》杂志刊登了一篇文章，针

1　信息收自于 www.monopoly.com 和 www.tkcs-collins.com/truman/monopoly/monopoly.shtml。

对大富翁游戏中的停留做出概率分析。例如，进入监狱是最有可能发生的一件事，概率是 3.944%。

2. 给我们钱

据说每年为了配合大富翁游戏的进行所印刷的钞票数量比美国财政部发行的钞票量要多一些。Monopoly.com 网站可以让你免费印制自己的钞票。

3. 开发者达罗

这款游戏的开发者是查尔斯 · B. 达罗，他在 1933 年失业时设计了这款游戏。带给他启发的是另一款叫作“地主”的游戏。他前往新泽西州亚特兰大市收集游戏中各个地产的名称。帕克兄弟公司否决了他最初的游戏设想，因为游戏中存在着 52 处错误。达罗后来成为了一名百万富翁，这款游戏也成为了孩之宝公司最畅销的一款游戏，孩之宝公司现今拥有这款游戏的版权。

4. 奇怪的印刷

在最初期时，这款游戏在监狱停留方格中印上了创始人查尔斯 · 达罗的画像。马文花园的地租在当时是 22 美元，之后涨到了 24 美元。早期游戏的纸牌上没有图片，而财产卡片背后也是空白的。

5. 铁路线

这款游戏中有四条铁路线，其中三条的名字都是现实中存在的，在当时这些铁路线把那些阔气的度假者送往亚特兰大市去。第四条是短途线路，它的名字在现实生活中其实是一辆进行货物运输的公共汽车的名字，在亚特兰大市郊区有一处仓库。

6. 开始大富翁游戏

只要你有 30 块钱，你就可以用随身携带的电脑玩这款游戏了。无论你身在何处，你都可以玩这款把握机会获得地产所有权的游戏。

7. 冠军

世界垄断游戏冠军比赛每年都会举办，在亚洲各个国家也引起了大家的广大热情。1996 年来自香港的选手获得了冠军，2000 年的冠军被日本选手收入囊中。2003 年的比赛是在一辆由芝加哥开往游戏兴起地亚特兰大市的火车上进行的。

8. 多重收益

垄断游戏不仅仅是一款棋牌类游戏。游戏厂商为了从这个世界著名的垄断游戏上获取更多利润，出售了这款游戏的许可权，于是出现了快乐小富翁游戏、大富翁纸牌游戏、迪斯尼大富翁游戏、掌上游戏机版的大富翁游戏等游戏。

9. 垄断丑闻

1974 年，针对这款游戏出现了一些争议。一位大学教授对这款游戏的风险、垄断开发与地产收购提出了批评。这位教授开发了一款叫作“抵抗大富翁”的游戏，在这款游戏中玩家可以打破大企业的垄断，这一举动令他吃上了官司。他输掉了官司，被迫在明尼苏达州的一家垃圾填埋场里销毁上千份这种游戏。但在赢得了美国高等法院两项上诉后，反垄断游戏于 1984 年重新问世。

10. 垄断游戏官方网站

它是垄断游戏疯狂粉丝的大本营。在这个网站中尽是一些有意思的信息：最长的一局垄断游戏进行了 99 个小时；垄断游戏在 80 个国家被制作成 26 种不同语言版本的游戏，据说全球玩家数量超过 5 亿人。垄断游戏标准配备金额是 15,140 美元，法国版的游戏“木板路”的法语名字是“和平街（Rue de la Paix）”。

第三十九章　大善人

谁说企业的唯一目标就是向股东上交利润呢？社会责任感也是许多企业家时常挂在嘴边的口号。通过企业员工向社会进行回馈，以及从事志愿者工作是下面这十家企业做得非常出色的事情[1]。

1. 美国电话电报公司

因为美国电话电报实行关爱项目，公司员工每年可以获得一天带薪进行社区服务活动的机会。公司报告显示65%的员工在2001年参加了他们所居住社区的志愿者服务工作，自从1996年这个规定出台之日起，电话电报公司员工付出

1　信息收自于www.usafreedomcorps.gov/content/about_usafc/newsroom/announcements_dynamics.asp？ID=37。

了超过 400 万小时的时间参与志愿者活动。公司同时还提供企业内部网，员工可以在内网上相互协作完成社区服务项目以及招募其他员工从事志愿者活动。此外，公司鼓励在职与退休员工参与每年举行两次的志愿者特别活动。

2. 康卡斯特通信有限公司

在公司每年一度的“康卡斯特关爱日”上，公司鼓励员工参与当地社区的志愿者活动。2003 年康卡斯特公司制作了一个在黄金时间面向全国播出的一小时广播节目，高度赞扬和鼓励了志愿者服务制度。这家公司还举办了一次全国性的公共服务宣传活动。

3. 联邦快递公司

联邦快递公司通过志愿者服务制度、企业捐款活动、免费送货活动以及和一些主要的慈善组织形成联盟等活动形式，向广大社区回馈了众多优秀资源。这家公司还赞助了一个叫作“儿童安全步行”的项目，此项目致力于防止孩子出现意外伤害状况——它是 14 岁以下的孩子面对的第一大致死原因。联邦快递公司还是奥比斯项目（此项目目标是防盲救盲）和联合公益基金会项目的主要支持者。

4. 万豪国际酒店有限公司

万豪公司“为我们的社区服务”活动项目鼓励企业员工通过志愿者形式和其他方式参与到社区服务活动当中来。每年 5 月有数以万计的万豪员工在“全球奉献日”当天从事志愿者活动；此外，他们每年还会参加公司出资赞助的其他项目和一些当地活动。

5. 氧气传媒公司

氧气传媒公司在为女性提供志愿者服务方面以及在公司关注的领域给予了高度重视和支持。每年公司员工可以享受半天带薪休息的机会进行志愿者服务工作。2001 年氧气公司实施了一个名为“选择去领导”的计划，宣传女性，尤其是在政府中的女性应该获得领导权机会的理念。这个项目获得有线和电信市场营销协会颁发的一个奖项，鼓励氧气公司在公众、社区关系与市场活动上的表现。

6. 家得宝公司

家得宝公司每年都会为志愿者服务小时数设定目标，并且鼓励员工达到这个目标。这家企业参与了救灾援助项目、人类家园项目、危险青少年项目、奥林匹克运动员就业项目和一些其他项目。为了帮助美国失业人员在家得宝公司找到合适的工作，他们与美国劳工部一道开展了一项全国性的活动。对家得宝公司来说，肩负社会责任是头等大事。

7. 天伯伦公司

天伯伦是另外一家对志愿者服务和社区服务做出郑重承诺的公司。公司提供给员工 40 小时的带薪机会，让员工有时间能够参与到自己所居住的社区活动中去。天伯伦公司还会提供给员工“服务休假”的机会——3—6 个月带薪休假的制度——让员工在民间组织工作的同时锻炼自己的专业技能。这家公司还为全球各地分公司的员工举办员工嘉年华服务活动。在公司的网站上还提供一项志愿者匹配的服务功能，为志愿者活动配备合适的人选。

8. 沃特 · 迪斯尼公司

不把迪斯尼那些乐于伸出援手的员工叫作“迪斯尼义工队”那还叫他们什么呢？迪斯尼的员工一直都在参与一些像特殊奥运会这样的项目；“义工与你”项目是一个通过员工参与活动以及承诺义工服务时间的形式向慈善组织募集善款的活动；迪斯尼全明星冒险项目意在鼓励孩子们参与到志愿

者活动中来，并且向他们传授志愿者服务知识。2005 年 1 月迪斯尼开展了“参与志愿服务”的活动，鼓励家庭成员通过参与社区服务增加相聚的时光。

9. 联合包裹速递公司

联合包裹速递公司的员工有机会参加公司举行的“邻里之间实习”志愿者项目。2004 年联合包裹公司基金会发起了这个活动，意在帮助全国、各州与当地一些组织运转起来减少社区里肥胖人群数量和改善饥饿人群的营养状况。这个基金会还支持提高识字率的项目计划。2005 年 1 月联合包裹公司出资 300 万美元帮助那些受到海啸肆虐影响的东南亚国家。

10. 美联银行

除了做过很多慈善活动外，美联银行给每位员工一个月四个小时或一年六天的带薪实践机会，参与学校或其他教育项目的志愿者活动，他们在其中可以担当老师、导师、朗读人、演讲者以及其他角色。公司还通过“教育优先”项目把员工分配到一些教育机构中去发挥他们的作用。

第四十章　大型商场

我们习惯到离家很近的大型商场逛街，也喜欢上网淘宝以及利用方便简单的产品编号选购心仪的商品。大型的百货公司以及连锁商店在 21 世纪来说极为平常。下面的一些商店尝试利用吸引眼球或是要弄手段的方法把消费者兜里的钞票赚到手[1]。

1. 纽约 A&P 百货公司，纽约市

这家商场原名泛大西洋太平洋茶叶公司，1859 年改名为 A&P 百货公司，是美国第一家连锁百货公司。这家公司现

1　信息收自于《著名的第一事实》（*Famous First Facts*）一书，作者为史蒂文·安扎文（Steven Anzovin）和珍妮特·波德尔（Janet Podell）（纽约：H.W.威尔逊出版社，2000）。

今是一家实力雄厚的百货商场。起初它是一家出售皮革的商店，后来又把经营范围扩大到了出售茶叶。虽然公司名字里有太平洋的字眼，但直到20世纪初期这家商店才在美国西海岸地区开设门脸营业。今天的这家商场旗下拥有11个不同品牌，包括农夫杰克、极鲜以及食品商场等。

2. 锡安合作商业机构，犹他州盐湖城

锡安合作商业机构的第一家百货公司于1870年开门迎客。你可能认为今天一些重量级的百货公司都有着可以追溯到过去的历史。但没有一家的历史比这家百货公司悠久。19世纪70年代末期，信奉摩门教的布莱汉姆·扬（Brigham Young）把一些社区头目和企业领导人集中安排在一栋建筑中，想要建设一个以社区为基础的销售组织。这个组织出售各种不同商品，有服装、小货车、缝纫机和地毯。这个机构今天仍在运营中，公司51%的股份归末日圣徒教会所有。

3. 大联盟百货，新泽西州韦恩市

20世纪50年代这家百货公司发明了一种库存商品的方法，时下几乎每一家便利店都在使用这种方法。从便利店货架上取下一瓶软饮饮料，由于重力作用这瓶饮料所在的位置上会自动补充上另一瓶饮料。尽管这个操作系统显得很有创

新性，但直到 20 世纪 40 年代才真正应用起来，取名为“自动领取式超市”。在大联盟百货公司处于黄金时期之时，在六个州经营超过 200 家店铺，但这家百货公司于 2001 年关门谢客。

4. 卡森皮里斯科特公司，伊利诺伊州芝加哥市

虽然我们知道西尔斯罗巴克公司出售好事达保险，是在银行和机场可以买到生命和旅行险的时候，但这家百货公司首先开始尝试卖保险时，把保险作为新娘等级登记单上婚礼伴手礼之外的附加礼物。这项服务是从 1953 年开始的。

5. 金贝尔兄弟百货公司，宾夕法尼亚州费城

这家百货公司历经了多年风雨，在 20 世纪后半叶的时候退出了历史舞台。如果百货公司能够卖保险，那卖房又有何不可呢？金贝尔公司的家居展销部门在 1953 年卖掉了价值将近 100 万美元的合租公寓。

6. 伍尔沃斯百货公司，纽约尤蒂卡市

1878 年弗兰克·温菲尔德（Frank Winfield）开始对自己的一个理念进行实践——百货商店按五美分的价格售卖商

品。这个创意可以让企业从低价产品中获得一定的利润。这样也可以让工薪阶层负担得起。他在纽约尤蒂卡市尝试过这个设想，但并不成功，直到他在宾夕法尼亚州的兰卡斯特开设了一家商店，在这家店中他提出的“五分一角”理念获得了成功。

7. 蒙哥马利·沃德公司，伊利诺伊州芝加哥市

在百货公司出现不久后，邮购商店也粉墨登场。亚伦·蒙哥马利·沃德（Aaron Montgomery Ward）在1872年开始运作邮购业务，在一张8英寸 ×12英寸的纸上印上简单的产品目录，然后再邮递给潜在客户。它为美国人购买产品开创了一种新的方式，事实上，2001年有将近170亿张来自不同公司的产品目录列表被寄送给客户。

8.“一键搞定”有限公司，田纳西州孟菲斯市

威格利杂货超市的创始人查尔斯·桑德斯的销售计划是成立一家自动化的杂货店。商店里的顾客被称为“Keedoozle”，是“一键搞定（key does all）”几个单词的谐音。顾客可以浏览玻璃罩后面的物品，在投币口处插入钥匙来选择他们心仪的商品。顾客选购好的商品会被直接传送到店铺收银员处，然后顾客买单提货。这项革新显然走在了时代前端，从未被赶超。

9. 金贝尔兄弟百货公司，纽约市

在百货公司的家具展示部门销售合租公寓前，金贝尔兄弟百货公司曾经出售过艺术品，其中的大多数都属于威廉姆·伦道夫·赫斯特。这些艺术品在 1941 年进行过公开拍卖，在当时被称作“世纪拍卖”。

10. 7–11 便利店，德克萨斯州达拉斯市

1927 年位于德克萨斯州达拉斯市的桑斯兰德公司开始出售冰块供冷藏食品之用。不久后公司又在杂货店关门的周日和晚上开始出售牛奶、面包和鸡蛋。这个主意大获成功，掀起了便利店热潮。这家商店之前的名字是“图腾”，后来改名叫作 7–11，因为商店采用当时比较普遍的从早上 7 点到晚上 11 点的营业时间。这家连锁店现在在美国和世界 17 个国家有超过 2.6 万家的分店。

第四十一章　企业文化

企业喜欢用一些讨巧、富有创新性但有时又很古怪的方式建立起一种超级文化，它能够激发员工的思潮涌动。即使你异常厌恶公司的资产负债表、财政报告，或是因公司其他一些陈词滥调的文件而感到无聊，但公司试图营造的环境氛围还是会令你满心欢喜，这无疑会直接或是间接地刺激公司的经济效益上升。

1. 百事可乐公司

20 世纪 80 年代，百事可乐公司的死敌可口可乐公司推出了一款“全新可乐”，但却遭遇了极大的失败。那百事可乐公司是怎样做的呢？他们给全公司的职员放假一天！

2. 美国雀巢公司

要拜访这家公司的总裁，你可能得在公司大厅等候片刻。但这会儿你可以品尝到令你口水直流的迷你装雀巢脆米果巧克力和低胆固醇巧克力。在前台那里还有一个大腕，里面盛有公司生产的各种产品可供来客自取。这是一个塑造企业口碑的好方法。

3. 通用电气公司与美国全国广播公司

《大卫·莱特曼深夜秀》是美国全国广播公司一档收视率超高的深夜节目。在通用电气公司收购了美国全国广播公司之后，莱特曼打算前往纽约的通用电气公司大楼。这里曾是这个巨头公司的总部，但那时这栋建筑是通用电气公司国际贸易公司的所在地。莱特曼带着见一见自己新老板的想法走进了大厦大堂，试图和值班的保安握手。这个保安不知所措，打算把这位访客请出大厦。当莱特曼伸出手后，这位保安却把手挪开拒绝握手。这个片段加上了慢镜头效果，在莱特曼节目中一遍遍地反复播放。莱特曼的幽默和通用电气公司保守的文化掺和到了一起。虽然通用电气公司的企业文化和莱特曼并不十分贴合，但它却和美国全国广播公司非常一致。尽管企业文化有着差异，但两家公司一直彼此相安无事。

然而《大卫·莱特曼深夜秀》这个节目在 1993 年还是挪到了哥伦比亚广播公司播出，一直至今。

4. 伯克希尔哈撒韦公司

沃伦·巴菲特做事简约的风格在这家公司身上完整地得到了体现——一切直白简单。这家公司的总部装修风格十分简洁，建在一家加油站旁边。巴菲特每年的报告都是用成本较低的黑白照片做成的。他坚信对公司的宣传应该放在更加需要的地方——比如公司的股份红利。如果你想和巴菲特做成了一笔生意，并且一切进展顺利的话，他会邀请你去吃冰淇淋，来搞定这单买卖。

5. 强生公司

在强生公司的个人产品部有一个能够令所有健身房相形见绌的健康中心。这里的设施在白天开放，所有职员可以根据自己的时间和安排前来健身。训练班都是由有着较高收入的指导老师和私人教练主持的，他们中的一些人还拥有人体生理学硕士学位。

6.IBM 公司

如果其他公司能够这样做，蓝色巨人公司也可以。IBM

公司的自助餐厅位于纽约州的阿蒙克市，餐厅雇用的是附近美国烹饪学院的毕业生。如果你痴迷高尔夫球的话，你会发现 IBM 公司也对它兴趣浓厚。公司拥有自己的高尔夫球场和乡村俱乐部，供公司员工和贵宾享用。

7. 美国无烟烟草公司

欢迎来到康涅狄格州的通勤小镇格林威治，这里绿草如茵，到处都是价值 100 万美元以上、优雅别致的白色小屋，里面住着一些在现代化的纽约城里奔波忙碌的总裁们。格林威治是 20 世纪 50 年代小说《穿灰色法兰绒外套的人》里的总裁居住的地点，这里还是美国无烟烟草公司的驻地。这家公司出售的是著名的无烟烟草产品，例如干杯牌口嚼烟和哥本哈根牌鼻烟。到公司总部拜访销售主管的话，你会发现他们坐在办公桌旁，在他们身后放着一个痰盂。在开会过程中，销售主管们会转过身往痰盂里吐痰，那时你可千万不要吃惊。我猜这是他们划分领地的标志吧。

8. 沃特 · 迪斯尼公司

当你去迪斯尼主题乐园参观的时候，你会发现这家公司有着自身比较独特的文化。迪斯尼公司的雇员必须经过一轮严格的筛选过程，而且还要经过强化训练。培训的过程也是迪斯尼迎接新人的过程。在迪斯尼，外貌决定一切。公司对外貌有着严格的标准，他们会在新人中筛选出扮演彼得·潘、哈克贝利芬以及白雪公主等角色的候选人。在迪斯尼工作你还必须学会一些新单词。公司希望借此能够创建出一种新的思维模式。顾客就是“客人”。工作的意思就是“登上舞台”。工作的日子就是在“表演”。这些似乎有点幻想过度，但迪斯尼公司却描绘出一幅世上从未曾有过的景象。

9. 第一资本金融公司

位于弗吉尼亚州北部的第一资本金融公司是家提供信用卡服务的重要公司。无论你在第一资本金融公司做什么以及你通过何种方法去做，公司都会对你进行衡量。公司会利用信息技术进行测量，从平均雇佣时间，到与客户进行电话沟通的标准时间误差。在第一资本金融公司下属的任意一家呼叫中心上班，意味着要通过电话和电脑的形式经历一整套客观的严格选拔。最后，在招聘流程接近尾声的时候，你才会和真真正正的人类通话。

10. 诺德斯特姆百货公司

这家公司认为顾客服务是该公司的生命根源。怀着想要购买某一具体产品的想法走进诺德斯特姆百货公司之后，这里的销售助理会实实在在地照顾你的兴趣点。而销售员手里掌握着一本记录顾客个人信息的记事本，在里面记录下他们的联系对象，还有附录。“琼斯夫人去了佛罗里达，她的女儿在法学院念书”这可能就是联系人的条目信息。当琼斯夫人回来之后，销售助理可能会问“苏西准备好参加律师资格考试了么”或者是“佛罗里达的阳光如何”。诺德斯特姆公司对“提供下一里”这个概念进行了重新定义，而且似乎还是非常奏效的。

第四十二章　历史最为悠久的企业

你可能会认为RCA胜利唱片公司、在女性杂志上刊登广告的麦粉公司以及在《国家地理》杂志封底做广告的可口可乐公司是美国历史最悠久的几家公司。但不要忘记美国革命战争之前的时代，在这片新生的土地上汇聚着商人、买办、工匠和手工艺者等为商业的发展贡献自己的力量。当然他们中的一些已经被收购或是和其他企业合并，而另外的一些至今仍屹立不倒。下面就是一些有着悠久历史而且仍在运营的公司[1]。

1.J.E. 罗兹父子公司（1702）

这家公司位于新泽西州的布兰斯堡市，是一家生产传送带和与磨坊相关的设备、用品的公司。它是美国历史上寿命

1　信息收自于http://www.cftech.com/BrainBank/CORPORATEADMINISTRATION/OldestCos.html。

最长的公司。那么这家公司具体出售的是什么产品呢？它生产的是纺织厂和面粉厂所需要的配件，比如电力传输带、面粉袋、面粉袋线、斗式提升机和提升带。

2. 盟约人寿保险公司（1717）

你一定听过这句谚语“人的一生只有两件事是可以肯定的，死亡和纳税”。但盟约人寿公司在美国统一之前就发现死亡是公司的主要业务。1994 年公司走到了尽头，被普罗维顿保险公司收购，但公司的一些政策仍然有效。公司总部位于宾夕法尼亚州的费城郊区。

3. 费城互助保险公司（1752）

这家保险公司成立于 1752 年，本杰明 · 富兰克林连同一些身世显赫的贤达共同成立了这家美国历史上最悠久的财产保险公司。对富兰克林来说互助这个词在英文里是否存在并不是个问题，他把这家公司命名为费城互助保险公司，为在大火中损失的房屋提供保险服务。

4. 德斯特公司（1767）

不，这不是家制鞋公司。这家德斯特公司位于新罕布什尔州西布鲁克市，是专门生产黏合剂和涂层的全球供应商。这家老字号的专业材料供应商不断与时俱进，一直紧跟现代技术需求的步伐。这家公司拥有三个运营部门：生命科学部，非纺织聚合物与专业聚合物部门，以及为航空电子、食品包装与医疗市场领域提供专业材料的部门。

5. 兰垂斯种子公司（1784）

这家位于马里兰州巴尔的摩的公司出售可在花园播种的种子，它的客户包括乔治·华盛顿、托马斯·杰斐逊、詹姆士·麦迪逊（James Madison）和约瑟夫·波拿巴（Joseph Bonaparte）。从英格来到美国的大卫·兰垂斯（David Landreth）于1784年5月21日成立了他自己公司，至此以后兰垂斯公司一直是种子行业中引领行业的公司。

6. 纽约银行（1784）

纽约银行成立于1784年，创始人是亚历山大·汉密尔顿。这家公司是全美历史最悠久的银行。它现在是全美最大的金融控股公司之一，为世界各地的公司和个人提供全套的银行与其他金融服务。

7. 互济保险公司（1784）

并不是所有的保险公司都在康涅狄格州的哈特福特安营扎寨。这家公司就是一家位于费城的保险公司，提供火灾以及业主保险。它家的“永恒”保险以一次性预付定金的形式出售。卖点在于：如果被投保的财产价值上升，则保险费用也会相应上涨。

8. 波士顿银行（1784）

波士顿和纽约银行成立于同一年，因此错失了历史最久银行的称号。这个城市的港口以及处于三条河流河口的绝佳位置令它成为了新英格兰地区的金融活动中心。在喧闹的港口城市波士顿成立马萨诸塞银行是为了向贸易与商业活动提供资金。

9. 乔治 · R. 鲁尔父子公司（1789）

这家家族式企业的成立时间早于巴尔的摩城市宪章发表时间。公司的每辆卡车上都写有“乔治 · R. 鲁尔父子公司，美国最悠久的烘焙用品供应商，成立于 1789 年”的字样。这家公司的所有财产在 1904 年巴尔的摩的一场大火中化为乌有，后来公司又重新成立，至今运营良好。

10. 伯恩斯与拉塞尔公司（1790）

拉塞尔家族通过六代人的努力才在马里兰州的巴尔的摩成立了这家手工制砖的公司。公司早期拥有的黏土矿位于今天巴尔的摩卡姆登园金莺球场的位置。伯恩斯与拉塞尔公司生产的砖头与建筑产品仍是建筑工程师的首选产品。

第四十三章　与众不同的银行

人们在头脑中总会把银行想象成一个个的建筑杰作，柜台用铁窗围挡，圆柱华丽，装饰宛如宫殿般奢华。但并不是每家银行都属于这种风格。许多家银行成功地为我们呈现了成为典范或是笑柄的例子——或许当我们对它们引领的潮流进行审视之时才发现它们并不是笑柄。其中的一些银行创造出生意往来或服务客户的新模式。下面就是十家属于这个范畴的银行[1]。

1. 芝加哥外汇银行（1946）

外汇银行是第一家汽车银行。这家银行创新性的建筑特色是把十个柜台窗口设置在防弹玻璃后面。一辆车可以直接

1　信息收自于史蒂文 · 安扎文与珍妮特 · 波德尔合著的《著名的第一事实》一书，纽约 H.W. 威尔逊出版社在 2000 年出版。

开到柜台窗口。交易通过一个可以滑动的抽屉进行，刹那间，在汽车银行的一次交易就完成了。

2. 纽约化学银行（1969）

纽约化学银行在纽约洛克菲勒中心安装了第一台自动提款机。安装这台自动提款机的年份恰逢美国第一次把人类送上月球。而我们现在把银行的客人送到一个和机器进行交易的银行中去。用一张预编码卡片就可以让这台机器把固定金额的现钞放进一个信封里。现在很难想象没有这种机器的生活会是什么样子。

3. 国家担保银行市政大厅分行（1970）

这家银行的分行使用上了自动提款机。它利用这种新科技加快普通人力银行柜员办理手续的速度，同时也提供自动提款服务。一开始这家银行对客户自助服务并不是特别放心，担心出现问题，所以还雇了一个真正的柜员通过闭路电视来监督自动服务工位的情况。

4. 纽约鲍里储蓄银行（1955）

在乔·迪马吉奥（Joe Dimaggio）成为这家银行的代言

人之前，鲍里银行就赢得了纽约乘车的人——尤其是乘坐火车的人们的支持。如果你认为银行都是设立在规模宏大的建筑中的话，那么再重新思考下。1955年鲍里银行在中央车站站中央的位置开设了一家用防弹玻璃建成的银行。那些忙碌的乘客第一次感觉到金融机构正在尝试让那些奔波在旅途中的人们能够生活得更加容易。

5. 美国化学银行（1972）

银行尝试了几乎所有可以想象得到的方法来打造品牌忠诚度——从在银行开设账户就可以免费获赠面包机到免费炒股以及其他一些零七八碎的方法。无论你把这称作是大胆创新还是愚蠢透顶，但化学银行曾经尝试着在曼哈顿三家分行中为等候办理业务的客户在小电影屏幕上播放电影。然而这项创新举措似乎没有被实施。

6. 改革者联合银行（1889）

这家银行位于弗吉尼亚州的里奇蒙市，是由美国非洲裔经营的一家为黑人服务的银行。在这之前，它还是一家由白人成立并经营的为非洲裔美国人服务的银行。

7. 纽约城市银行（1914）

这是美国第一家在外国设立分号的银行。1913 年联邦储备银行立法，允许美国银行在海外国际开始分行。一年后纽约城市银行在阿根廷的布宜诺斯艾利斯开设了自己的海外分行。

8. 丰德杜拉克州立银行（1934）

美国联邦存款保险公司（FDIC）通过对银行和储蓄机构的存款进行担保这一举措来保持并促进大众对美国金融体系的信心。1934 年丰德杜拉克州立银行是第一家被美国联邦存款保险公司担保的银行，支付给该银行储户的资金来自于 FDIC 的担保储备资金。FDIC 向那些把自己毕生积蓄积攒起来并在经济大萧条期间倾家荡产的储户支付了 10.4 万美元。

9. 圣路加储蓄银行（1903）

虽然这家银行不是第一家由美国黑人经营的银行，但是它却是第一家由美国黑人妇女成立并经营的银行。玛吉·沃克（Maggie Lena Walker）是这家银行的第一位黑人女性主席。

10. 富国银行（1990）

这家位于加利福尼亚州的银行在1990年建成了世界上第一个网上银行体系。直到1997年英国房屋抵押贷款协会才在英国建成了一个相似的服务体系。今天的网上银行是打理个人银行业务的主要方式。自从建立了第一网上银行服务体系后，其他的银行也纷纷建立起可以通过电脑、手机或是其他移动电脑设备操作的电子银行服务系统。

第三篇

商业环境

第四十四章　“街头”术语

华尔街使用自己的语言。在交易场所中面红耳赤地大喊大叫是其特有的文化现象。似乎每一种独特文化都有相互匹配的行业术语。华尔街也不例外，下面是一些你可能听说过并对其感到奇怪的表达方式[1]。

1. 三巫出没时刻（The Triple Witching Hour）

对于华尔街的巫师们来说，三巫出没时间发生在 3 月、6 月、9 月和 12 月的第三个星期五。这个术语指的是在股市闭市前的最后一个小时，而期权与期货的股票指数又在这一

1　信息收自于约翰·唐斯（John Downes）与乔丹·埃利奥特·古德曼（Jordan Elliot Goodman）合著的《金融、投资条目词典》（*Barron's Dictionary of Finance and Investment Terms*），由纽约巴朗出版社于 1985 年出版。

天过期。这一同时过期现象造成期权与期货以及附属公司债券出现波动异常的现象。

2. 抄底（Bottom Fishing）

这个术语指代的是一种投机性却又无可指责的行为，一些精明的投机者买入那些价格已经跌到最低点但却能让他们看到希望的股票。被抄底的公司通常处在破产或是经营惨淡的状况之中。一条不被看好的抄底之鱼却有可能变成一个意外之喜——这就是那些喜欢抄底的投机商们的信条。

3. 随机漫步理论（The Random Walk Theory）

一个喝得酩酊大醉的人会以随意的步伐走一条线。而这就是隐藏在股票背后的理论——股票价格随机理论。信奉随机漫步理论学说的金融大师们坚信股票过去的价格对其未来的价格不会起到预测性作用，而这些价格在市场中的出现是没有规律的。他们认为股票真正的价格是由固有价值与股息生息率共同决定的。随机漫步理论恰恰是“技术派”学者所反对的，他们会用图表、曲线图和某一特定情况下的价格行为一起来预测股票价格的出现规则与规律。多年以来，两个学派一直对股市行情持有截然不同的观点。

4. 头肩形态（A Head-and-Shoulders Pattern）

这个术语和海飞丝洗发水没有任何关系。在图表上把股票价格绘制出来，如果价格连续出现三次回升的话，那么这种变化形态可以用一个人的头肩来进行形容，头部就位于股票第二次价格上升的位置。它对技术分析员来说是一个股价即将下跌的标志。

5. 僵尸（Zombie）

你一定在许多电影当中见过他们，而且你也很有可能喝过一种叫作“僵尸”的酒，但在华尔街仍有许多术语和这个词有关。僵尸指的是一家处于破产或是无力偿还债务状态下的公司，等待它的是倒闭、被收购或是合并的命运。一些僵尸公司会在一段时间内保持这种状态。而另外一些公司就在这种状态中痛苦死去。

6. 粉饰门面（Window Dressing）

即使是一些金融专家也会活动头脑做出一些富有想象力的、玩把戏的事情。粉饰门面指代的是一种带有欺骗性的做法，一些基金经理会售出表现疲软的债券和股份，之后入手一些新发现的且表现强劲的债券。他们一般都会选在季度报告出台之前或是对他们所持有的股份进行公开揭露前进行上述操作，这样可以表现出基金非常强劲与兴旺的假象。

7. 元月效应（January Effect）

即使市场活动也是风云变幻难以捉摸的。元月效应是一个负有争议的现象，许多金融界的行家们对此说法也观点不一。这个术语指代的是从 12 月 31 日起到 1 月第一个星期结束为止的时间段里，股票的表现比一年其他时间段里的表现要优秀。更细微的解释是基金经理和其他一些投资者倾向于在 12 月卖空手中的股票，目的就是使税款流失。有些基金经理在 12 月卖空证券是考虑到度假的花销原因。交易员在一月会重新买回股票，因而股票价格会出现反弹，因此这种“效应”常在金融节目或是专栏里被热议。许多人对此争论不休并且认为这种效应实际并不存在。

8. 三重底（Triple Bottom）

这个短语指代的是股票价格的一种规律，在股市中股票价格会以几乎相同的价格达到某三个低点，随后价格离开底线向上摆动。这个现象常被技术分析员看作是股票价格进行新一轮上涨的标志。只用三个价格低点就能得出一个结论！

9.72 法则（Rule of 72）

72 法则是个既简单又实用的准则，可以在投资或是金融领域里使用。这个法则说的是按 7.2% 的利率投入的本金用 10 年就可以翻一倍。也就是说以 10% 的利率投入的本金 7.2 年后就可以翻倍。总的来说，这个准则说的就是如果投资金额要翻倍增长，那么本金增长一倍所需要的时间乘上年回报率大概要等于 72。这听上去有点像解数学题，但它却常常被用作计算回报率。

10. 卖空持有股（Short Against The Box）

从字面上很难猜出这个短语的真实含义。首先卖空持有股的意思是卖空手中所持有的债券。卖空指的是股票投资者把借入的股票在当日抛出，在日后以更低的价格买进这只股票的行为。卖空持有股是一种策略，卖方因为税费或是其他原因不想卖出手中持有的股票。完全理解这个做法可能需要花掉你一天的时间，但是请相信我，这一定是一个好的策略。

第四十五章　安全第一

如果你的工作与生产企业或是办公场所与安全有关的话，你可能会有幸听说过美国劳动部下属的职业安全与健康管理局这个机构——简称是 OSHA。任何一家企业的生产分公司通常会把公司安全记录张贴在工厂或是设备厂房的入口处，而一家位于路易斯安那州的造船厂采用了截然不同的做法。在他们工厂的入口处，他们张贴了一则告示，上面写着“如果你觉得 OSHA 是威斯康辛州的一个小镇，请您来安全办公室一趟”。办公场所的安全和意外事故是生产企业甚至是一些非生产企业都十分担心的问题。下面列举出的就是企业经常违反的十项职业安全标准。

1. 脚手架

OSHA 制定的标准在于防止脚手架从超过十英尺高的

地方脱落。在自由女神像上以及超人曾经降落的高楼大厦上都会见到脚手架。在纽约，脚手架恰恰是城市风光的一个组成部分。最常见的违背OSHA脚手架标准的情况是企业未能任用经验老到的工作人员对脚手架甲板宽度不得低于四英尺的规定进行检查监督。一家进行脚手架工作的公司没有达到OSHA要求的，都算是违反了相关规范。许多公司都没有达到这项要求。

2. 坠落保护

这项标准防止工人从六英尺高的地方坠落。有意思的是，OSHA在1998年对受到来自议会压力的房屋所有者给予责任的赦免。这条规则的意思是工人必须拥有保护措施以防止高空坠落情况的发生。最普遍的问题是在楼层开阔的边缘处缺少防护装置，以及没有对工人在这种环境下如何工作进行相关培训。另外一个常常出现的坠落问题是工人踩到绝缘保温层上，人直接从房顶掉到下面的地面上。

3. 危险告知

尽管一些企业常常违反这项规定，但OSHA仍要求所有的企业主规划并实施书面形式的危险告知计划。这就意味着雇主必须以书面形式告知在各种情况下可能会出现的、具体的危险信息，使用恰当的安全提示标识，制作安全数据信息表。OSHA 要求在使用这些化学用品的地方必须实施这项规定。如果在偏远地区使用化学用品或只是少量使用，许多公司就会忽略掉这些安全传单。这些公司现在已经违反了这项规定，所以这就是为什么会出现大量不遵守这项规定的现象。

4. 关闭或告知

这两个词对于负责安全的经理来说也是必须知道的。OSHA 要求雇主在断电后再进行设备的维修，或是张贴告示告知应先把机器关闭。雇主们纷纷抱怨这是个耗费人工的规定，而且执行起来也非常困难。这种“防止触电”的规定意味着一大片电力网络必须被关掉。所以，工人会为了节省时间而绕过这个断电流程。OSHA 因此会实施罚款或是其他惩罚办法。

5. 机器防护

OSHA 的这条规定要求雇主在机器正在运转的部件前方或上方安装防护装置。这个规定听起来合情合理，但这些防护装置往往被拆掉后就不再放回原位了。这些装置常常被拆掉的原因是妨碍工人工作。这却会对工人构成极大的威胁，当 OSHA 的工作人员到工厂检查的时候，如果发现这种状况就会礼貌地对工厂生产进行干预。

6. 呼吸防护

下面这个规定的重要性不言而喻。这条规定要求员工使用防护呼吸器以免受到有毒烟雾或是其他气体的伤害。工人们需要对周围空气进行检测，以此决定是否需要使用防毒面具。这又是条耗时耗力的规定，而且想一想就会感到工作非常繁重。不遵守 OSHA 规定的工人便是违反了规定，对相关负责公司会实施惩罚——那这样的公司是不是太不负责任了呢？

7. 电线

电器、电线和绝缘材料都要接地线才能避免触电。当生产机器没有与其匹配的设备或是装备一起连接地线的话，那么整个仪器装置会十分危险。与此同时，电器设备上那些没用的裸露空隙要给遮盖起来，并要通过检验，电器的接头处或是接线盒要用指定的盖子封起来，这样才不会违反规定。

8. 机械力量

OSHA 的这项规定要求为传动装置、链条、皮带、滑轮和驱动轴安装适当的防护装置，这样才不会出现传动设备吃人的事件。这条规定和之前发生的机器缺少防护盖的事件密切相关，但它能令潜在的机器防护危险暴露出来。大多数违反规定的做法是没有给链轮、链条或是旋转部件如皮带和滑轮安装防护装置。

9. 工业卡车

这条规定和工业用叉车有关。如果叉车在厂房中往来忙碌而司机又没有扣上安全带，或是司机没有驾驶执照甚至是没有接受过培训的话，这家公司违反了这项规定。

10. 挖掘工作

这项规定涉及的是没有对沟渠进行加固或是相似的建筑违规现象。通常出现的问题是塌方、坠落、触电、高空坠物以及空气不佳。当老板们挖掘一个临时的沟渠时，他们常常会忽略对这个沟渠进行加固的必要性。如果这个沟只是临时性的，那么这并不会引起 OSHA 巡查人员的注意，这些巡查人员常常会保持警惕，因为他们知道生命很有可能因为老板忽略对明沟进行加固而逝去。

第四十六章　会计们的鸡尾酒会谈话

会计和报税业务员对各种税费无所不知，并将种种答复都已烂熟于心——只有一种情况除外，那就是提到税费历史的时候。下面列举出的就是十件你可以当作开胃小菜的奇珍轶闻[1]。

1. 早期的税收

林肯总统于 1862 年提出了增加税收的措施。这项措施用于支付美国内战产生的费用。与此同时还出现了税务局局长这一职务，美国的第一个联邦政府所得税就此诞生。收入在 600—10,000 美元之间的征收 3% 的所得税，而收入超过

1　信息收自于 www.irs.gov。

10,000 美元的征收 5% 的所得税。

2. 税费几近消亡

到 1872 年，美国政府已停止征税，但议会尝试着制订一项新的所得税计划。1895 年美国最高法院对此做出裁决，议会提议的新所得税计划违反宪法，因为它是一种直接税，并没有根据各州的人口数量把税费进行分摊。直到 1916 年联邦政府随着宪法第 16 条修正案的通过才得以复征联邦政府个人所得税。

3. 政府的税收权力

我们为此真得好好感谢总统塔夫脱（Taft）。1909 年塔夫脱总统敦促议会提出一项宪法修正法案，给予政府征收所得税的权力，而且不会因为人口比例给各州带来负担。议会同时对收入超过 5,000 美元的企业征收 1% 的企业净收入所得税。

4. 宪法第 16 条修正案

1913 年，正值第一次世界大战的危机四伏之时，怀俄明州是第 36 个也是全美最后一个需要对宪法第 16 条修正案进行批准的州。修正案提到，“国会有权对任何来源的收入规定和征收所得税，无须在各州按比例进行分配，也无须考虑任何人口普查或人口统计。”议会对个人净收入超过 3,000 美元的征收 1% 的税费，对收入超过 50 万美元的征收 6% 的附加税。

5. 禁令

1919 年美国批准通过了宪法第 18 条修正案。这项修正案禁止酿造、运输和销售各种酒精饮料或致醉酒类。议会最终通过了沃尔斯泰德法。这一法案规定税务局局长拥有执行禁令的责任。是的，你没听错——税务员监督运送威士忌的马车。但这一现象没有持续太久。11 年后，美国司法部接管了执行禁令的职责。

6. “美国历史上最伟大的税收法案”

富兰克林·罗斯福总统颁布了《1942 年版税收法案》，宣告这是“美国历史上最伟大的税收法案”。议会批准了这项法案，对那些符合缴纳个人所得税条件的美国人进行增税。与此同时这项法案还对医疗与投资等企业减免税费。

7.1040 表格的更新

美国议会在 1944 年通过并颁布了《个人所得税法案》。这项法案在 1040 表格上增加了标准扣除额一项选项。

8. 逮捕阿尔 · 卡彭（Al Capone）

联邦政府下定决心抓捕阿尔 · 卡彭。1931 年美国税务局的情报部门派出卧底搜集对卡彭不利的证据。他被指控偷税漏税，并因此被判入狱 11 年。

9. 里根经济学

1986 年里根总统签署《税收改革法案》。这项法案被众人描述为在 30 年中意义最为重要的一条税费法案。这个有着 300 条条款的法案历经三年才得以实施，成为自《1918 税收法案》以来第三个联邦税务法准则。

10. 数字化时代

点击与发送。这一天在 1992 年终于到来了。欠缴税款的纳税人被允许——甚至是被鼓励通过网络进行税务申报。

第四十七章　价值连城的股票（凭证）

“Scripophily”，这个词既不是法医学的意思，也不是特指在学术界十分流行的一种仅限于某个小圈子的研究。它指的是一种收藏老的或价值不菲的股票或是债券凭证书的爱好。这些债券受到追捧并不是因为它们的市场价值，而是因为其票面美观以及其他特性符合人们的口味。如果你想获得有关这种收藏的更多知识，可以访问 Scripophily.com 网站。这家出色的网站展示了一些较为罕见的股票凭证书。这是一个购买股票凭证书的好地方，而且你还会了解到隐藏在这些凭证背后有趣儿的故事。下面就是一些能让股票凭证书收藏爱好者感兴趣的故事。

1. 北欧石油公司

这家公司在经济大萧条时期发行了一些小型便士股票，

许多持有这家公司股票凭证书的股民都认为这家公司早已关门。1957 年，在公司附近发现储量未知的石油资源后，这家早已更换了名字的公司重新进入人们的视线。那些把股票凭证书放在破旧文件柜里的股票持有者们发现股票的价值比之前增长了 1,000 倍。到现在还有将近 100 万份股票在市面上流通。

2. 七叶树钢铁铸造厂

根据 Scripophily.com 网站的信息，这家公司的一张老的股票凭证书绝对和那种 20 世纪 20 年代发行的普通的收藏用凭证书不同。如果现在你手头有任意一张这种凭证书的话，你就会发现它是由乔治 · W. 布什总统的曾祖父塞缪尔 · 普利史考特 · 布什（Samuel Prescott Bush）亲自签过字的。

3. 安然公司

在 Scripophily.com 网站出售的众多收藏中的一张是安然公司的股票凭证书，它算得上是“无价之宝”。在这张股票凭证书上印有公司许多主管的签名，其中就包括声名狼藉的公司董事会主席肯尼斯 · L. 莱（Kenneth L. Lay）的名字，后来他从公司辞了职，但仍是众人关注的丑闻焦点，这家公司被指控在财务方面有欺诈行为。安然公司曾经风光一时，但今天这家公司的股票却一文不值。

4. 潘汽车有限公司

这家公司股票凭证书上画着一辆敞篷赛车，车盖上写着公司主席的名字“潘多夫”，轮毂罩上则印有公司的名字。光看这张股票凭证书你不会想到这家公司的创始人塞缪尔·康纳·潘多夫（Samuel Conner Pandolfo）是个诈骗专家，他把自己伪装成一位不折不扣的汽车生产商。这家公司于 1922 年关门倒闭，在经营的四年中只生产了 737 辆汽车。

5. 哈洛伊德公司

这家公司的名字听上去特别像一种奇怪的化合物的名字。事实上它是一家在 1906 年特许成立的公司，1961 年公司更换为一个更加容易识别的名字：施乐。要是你手头有一张这种特别罕见的股票凭证书样本的话，那么你今天就会坐拥 100 万美元的资产。如果你能找到的话，算是一个不错的收藏品。

6. 好莱坞行星公司

好莱坞行星公司由一票想要从事投资活动的好莱坞明

星组建。这家公司具有收藏价值的股票凭证书上印有阿诺德·施瓦辛格（Arnold Schwarzenegger）、黛米摩尔（Demi Moore）、布鲁斯·威利斯（Bruce Willis）以及席尔维斯特·史泰龙（Sylvester Stallone）等人的签名。在股票凭证书上找到这些明星的签名并不容易。他们显然也不是会常出现在股票凭证书上的名字。

7. 美国运通公司

这家公司早期发行的股票凭证书上面有公司共同创始人之一的威廉姆·法戈（William Fargo）的签名——没错，他就是那个因为马车运输而闻名于世的威廉姆·法戈。这张股票凭证书有超过 143 年的历史，据说其收藏价值约为 750 美元。尽管美国运通公司总是提醒，“要把这张凭证书随时带在身上”，但如果你真获得了这样一张凭证书，你或许还是想把它放在家里，甚至是放在保险柜中。

8. 网络货车

你可能会想起这家公司，它是一家已倒闭的网络公司，曾经试图在百货业内引领一场革命。这家公司濒临倒闭之时的股票在市面上仅仅值 11 美分，而 2001 年，它在电子港湾网站上却以超过 100 美元的价格成交。这是为什么？不是因为股票票面美观，而是因为股票凭证书具有预期升值价值，这家公司在那个令人难忘的网络繁荣年代中具有里程碑式的意义。发行过股票但却倒闭的网络公司还有 eToy.com 和 Dr.Koop.com，你有他们的股票凭证书么？买入这些凭证书吧。

9. 胡迪尼电影公司

这是由著名的逃生艺术家哈利·胡迪尼（Harry Houdini）创建的电影公司。股票凭证书上有这位伟大宗师的亲笔签名。尽管股票票面价值为十美元，但股票凭证书的价格据说能够达到 4,500 美元。当然，懂行的人自会知晓它的价值所在。

10. 新泽西铁路枢纽公司

这家公司股票凭证书发行于 1886 年，当时正值 J.P. 摩根和当时像洛克菲勒以及范德比尔特这样的商业大亨一争高下之时。他们所属的铁路具有强大的竞争力。这张凭证书的独到之处在于上面展示了摩根先生的“海盗船”号游艇。商业大亨们在这艘游艇上会面并商讨合并手中铁路线的可行性以便能够提高铁路股价格。在船上有人问摩根这艘游艇的价格，摩根答道，“你即使询问价格，你也买不起”。一个新的表达方式出现了！这张凭证书背后隐藏着何等的历史啊。

第四十八章　值得关注的工作

资本与劳动力，如果上过经济学课的话，你一定知道这两个词是经济学的重要组成部分。劳动力随时间而变化，劳动力数量发生变化，劳动力标准改变，劳动力的工资也会变化，产生变化的还有劳动力的需求量，更具体地说，某种类型的劳动力需求会自行调整。某些工作在什么时候需求量都会很大。美国劳工部对劳动力需求量进行了监测，并发布了某一时段的劳动力职业需求预报。劳工部当时监测的一些工作类型的需求量很有可能在 2000—2010 年间出现增长，下面是他们的研究发现[1]。

1　信息收自于 www.dol.gov。

1. 开发应用程序的电脑软件工程师

虽然信息热潮的发展在某个时代可能会受到抑制，但总的来说它还是处在蓬勃发展期的，对这一事实我们一直深信不疑。因为我们对应用软件的依赖性越来越高，所以我们需要许许多多的软件工程师来设计、筹划、制作这些应用软件。在这种大背景下，劳工部预计到2010年，这种工作的岗位数量应较2000年的数量翻一番。

2. 计算机支持专家

软件在经过设计与生产的流程后，下一步就是应用。电脑主机、无线设备、路由器、服务器以及作为信息产业必要组成部分的各种电子元件都需要护理。这就需要属于电脑支持专家类型的不同专业人才大显身手了。美国劳工部预计到2010年这种职业需求量将增加97%。

3. 维护系统软件的计算机软件工程师

维护融合了大型系统和网络的软件需要的不仅仅是计算机工程知识，而是要有更专业的知识。这种电脑工程师关心更多的是软件在整个系统中的性能而不是在某个特定应用中的性能。劳工部预计到 2010 年这个职业的需求量将会增长 90%。

4. 网络与计算机系统管理员

与信息科技的发展一同出现的还有保证各个零部件正常运转的管理员。这项工作同计算机支持专家的不同，它是一项需要掌握某一特定网络或系统知识的工作。美国劳工部预计到 2010 年，这个职业的需求量将增加 82%。

5. 网络系统与数据沟通分析员

特别需要说明的是这个职业变得越发重要，因为分析员扮演更多的是战略规划的角色，他们要确保数据对企业来说达到最佳使用率。这些分析员解决的是网络与数据沟通将被如何应用。美国劳工部预计到 2010 年这个职业需求量将增加 77%。

6. 文字版面编辑设计师

没错，我们还在谈论信息科技这个主题，但是我们提到的这个职业你可能压根不会想到能够出现在这个排行榜上。一位文字版面编辑设计师在幕后解决一切和印刷有关的问题。信息科技革命意味着每一种发行物都是通过某种数码方式搞定的。这些步骤是由排版人员、生产人员，以及使用文字编辑软件和设备制作该产品的设计师共同完成的。美国劳工部预计到2010年，这项职业的需求量将增加67%。

7. 数据库管理员

数据就是信息技术需要处理的内容。数据是神圣的，它们需要被保存并且备份，一定要由专门的分析人员进行维护，这些分析人员能够确保需要使用到的数据恰好适合网络技术的性能。数据会变化。数据不可以丢失。数据对于大多数公司来说意味着一切！就因为数据的重要性，对它们必须加以适当的掌控与管理；因此，出现了数据管理员这一工作岗位。美国劳工部预计到2010年，这项工作的需求量将增长66%。

8. 个人与家庭护理人员

我们终于看到了一份前十榜单中跟信息科技产业没有关联的工作了。婴儿潮那一代的人已近退休年龄。在不久的将来老龄人口的数量定会迅猛增长。基于此种原因，美国劳工部预计到2010年，这项工作的需求量将会增长62%。

9. 计算机系统分析员

虽然大多数和计算机有关的职业听起来都大同小异，但计算机系统分析员的工作是寻求如何最大限度地把计算机系统性能发挥到极致，以获得预期的效果。劳工部预计到 2010 年，这项工作的需求量将会增加 60%。

10. 医务助理

随着老龄化人口的增加，健康护理的支出也在增长，医务助理被视作是一个发展较快的职业。在某种情况下，医务助理很可能取代医师的地位，因为疾病与受伤状况发生的数量远远超过有限的医师数量。劳工部预计到 2010 年，这项工作的需求量将会增加 60%。

第四十九章　进步先驱

20 世纪之初的美国处在重要的转折点。在那段时期中，在工业与社会领域中出现了许多成绩瞩目的进步，国力强盛。这段历史时期常被人称作“进步时代”。下面列举的十大事件对当时的社会进步和财富起到了塑造作用[1]。

1. 卡内基出资修建图书馆（1901 年 3 月 12 日）

安德鲁·卡内基是当时最为富有的企业家之一。他因在工业革命的大潮中从事新兴的钢铁业务进而积累了大笔财富。卡内基坚信应对这个世界进行慷慨的回馈，就像当初社会对他这个钢铁制造商恩赐了丰厚的财富一样。而且他的回

1　信息收自于 www.loc.gov。

馈方式非常隆重。1901 年 3 月 12 日，这位苏格兰移民向纽约市捐献 520 万美元，计划修建 65 座图书馆分馆。卡内基凭借自己的财力建造了更多的图书馆和学校，并成立了一些公益基金会。卡内基的行为为一些大慈善家出手做善事打下了基础，例如为了全体国民的利益修建图书馆或是其他慈善项目。这项社会发展的成果令许多进步商业领袖通过慈善义举分享了他们的财富。

2. 煤作为燃料的开始（19 世纪后期）

工业革命发生在 19 世纪末期。这场革命的特征在于科技进步以及机器生产替代手工生产的状况促进了社会与经济的发展。在这个时期，大厦主要使用煤炭供暖；但在生产以及铁路领域中还可通过烧煤给蒸汽机提供动力，以及为工业革命中几乎所有的创新产品提供驱动力。

3. 威尔伯·怀特与奥维尔·怀特（Orville Wright）的第一架飞机（1903 年 12 月 17 日）

“多年来，人类可以飞行的信念一直萦绕心头。我对飞翔的渴望越发强烈，我感觉它会耗费我一大笔钱甚至搭上我的性命。”在威尔伯写下这些语句的三年后，他和他的哥哥奥维尔在北卡罗来纳州的斩魔山把梦想寄托在试飞之上。随着飞机的出现，一种新的旅行和贸易方式诞生了，而且城市和州与州之间不仅可以相互联系，就连大陆之间进行联系也成为了可能。

4. 摄影师弗雷德 · A. 都柏森（Fred A. Dobson）开始拍摄电影《纽约摩天大楼》(1906年11月8日)

1906 年摄影师弗雷德 ·A. 都柏森创造了历史，制作出美国人在日后几十年中都珍爱有加的东西——电影。同年 11 月，都柏森拍摄了电影《纽约摩天大楼》。电影拍摄地是百老汇与 12 街路口一栋未完工的摩天大厦。这部电影情节不是特别有趣：一个建筑工地的工头解雇了一个打架的工人，这位恼羞成怒的工人返回工地盗窃以维持生计。但这部电影证明了在这个进步时代当中，美国人在日常生活中可以寻找到乐趣，而电影就是可以让他们快乐的东西。

5. 纽约地铁系统开始营运（1904 年 10 月 27 日）

在伦敦地铁叫作“tube”；在巴黎地铁叫作“metro”；在纽约它则被称为“subway”。1904 年 10 月 27 日周四下午，纽约市市长乔治 · 麦克克雷栏（George B. McClellan）正式启动了纽约市的地铁系统。第一班离开市政厅站的地铁列车由市长负责操作，并且在 26 分钟之后抵达 145 街的出口。地铁于当天晚上 7 点钟对外开放，那天晚上在地铁停止营运之前，共有 15 万名乘客搭乘了这列车在地底隧道里穿梭着。在一座城市内，一条铁路线可以让民众到达城市的每个角落。

6. 永远的纳税日（1913 年 4 月 15 日）

美国成立之初，中央政府需要从最初的 13 个州筹集资金——1779 年从每个州获得了 1,500 万美元，在后来的几年中地方援助中央的资金数目就更大了。中央政府在内战期间开始征收所得税，但这只是一时之举。格罗弗·克利夫兰（Grover Cleveland）总统在 1895 年试图每年都征收固定的所得税，但美国高等法院认为这项提议有悖宪法。对于那些赞同征收所得税的人来说，这就意味着得对宪法进行修订，政府在 1913 年确实这样做了，通过了宪法 16 条修正案。从那时起，议会可以合法地征收所得税了。

7. 火车通向佛罗里达州的西礁（1912 年 1 月 22 日）

20 世纪初期，一位名叫亨利·佛雷格乐（Henry M. Flagler）的佛罗里达地产开发者认为火车应该是人们前往佛罗里达西礁岛最实际的方法。为了完成这段铁路，必须要建造 42 座桥梁。铁轨的长度必须要连接佛罗里达本土、美国最南端的西礁岛，以及其间的岛屿。1912 年 1 月 22 日，佛雷格乐搭上佛罗里达西岸铁道公司的第一班火车，前往西礁。诸如这样的铁路建设开发出全新的旅游与贸易方式。

8. 考察法案的通过（1903 年 2 月 11 日）

摩根美国钢铁公司控制了钢铁生产的整个流程，包括从铁矿的开采，一直到钢铁的制造生产等。当一家公司对某一项工业拥有如此强大的操控力时，其他公司就很难与其竞争。对摩根美国钢铁公司的批评，大多认为一家公司控制某项工业的这么多分支行业，会损害一般大众的权益。1902 年，社会上有许多关于大型“托拉斯”的论点，所以西奥多·罗斯福总统就命令司法部要使用“反托拉斯”的法令，既要对那些钢铁业的大公司提出控诉，同时也不放过对肉类包装工业、石油业，以及铁路业的托拉斯提出控诉。罗斯福认为这些工业都透过限制竞争的方式，侵占大众的权益。因此，国会在 1903 年 2 月 11 日通过考察法案，让这些反托拉斯的控诉在美国法律体系中成为优先审理的案件。罗斯福也因为打击托拉斯的作为而声名大噪。从这个法案起，许多其他法规纷纷得以通过并实施，促使美国经济中的市场更具竞争性。

9. 第一位移民登上埃利斯岛（1892 年 1 月 1 日）

在 1892—1954 年之间，有超过 1,200 万的外国人经由埃利斯岛进入美国。在这 62 年之间，人们从世界各地来到埃利斯岛，因为他们想要成为美国公民。当船靠岸后，这些移民就陆续走上岸边，并且走进注册办公室接受医生的检查，看他们有没有任何身体健康上的问题，同时也会有官员负责检查他们的法律文件。在检查通过之后，这些移民就获准进入美国。工业革命初期，大量移民的涌入提供了一批缺乏技能却又廉价的劳动力。与此同时也造就了一代饥肠辘辘却又雄心勃勃的创业者，这些人日后成立了自己的企业，引领美国在 21 世纪成为一个工业强国。

10. 冰淇淋蛋卷的发明（1904 年 7 月 23 日）

你喜欢用碗来吃好吃的冰淇淋，还是喜欢用蛋卷筒来吃？ 1904 年的 7 月 23 日，你就可以在这两种方法中选择一种了。来自密苏里州圣路易的查尔斯 · 明奇斯（Charles E. Minches）发明了把冰淇淋填入蛋卷筒内的食用方式，于是蛋卷冰淇淋被发明了。这种可以带着走的蛋卷筒很快就在圣路易举办的世界博览会上正式出现。

第五十章　破产商人

一个对商业兴趣浓厚的人一定听说过破产、生意失败以及和商业风险有关的事实真相。下面就罗列出十位在通往成功的道路上曾经历过失败的人士。你渐渐就会知道失败并不是一开始就会出现的，它通常会在接近成功的地方冒出头来。

1.P.T. 巴纳姆（P. T. Barnum,1910—1991）

这位创办了“世界最强秀”的马戏团主持人实际上在1871年就已申请破产，他那会儿开办的一所旅店和一家杂货店都倒闭了。女士们、先生们以及各个年龄段的孩子们，幸运的是在经商失败后，他才开始真正地思考和筹备马戏团的演出。1881年，他和詹姆斯·A. 贝利（James A. Bailey）一起合作组建了巴纳姆贝利马戏团。

2. 马克 · 吐温（1835—1910）

尽管马克·吐温对美国文学事业做出了巨大贡献，但这位幽默大师、作家却在一部叫作佩奇排字机的排版机器上赔光了所有积蓄。然而他位于康涅狄格州哈特福特市的豪宅却没有被赔进去，他到国外举办讲座以偿还所欠债务。尽管困难重重，吐温还是发表了一些成功的文学作品，而且因为自己的才能和风趣的文风而永载史册。

3. 马修 · 布雷迪（Mathew Brady,1823—1896）

这位用当时流行的摄影技术对内战进行拍摄记录的著名摄影师于 1872 年申请破产。因为自己照片的需求量下降，他才出此下策，而且他自己也确实无力偿还债务。然而，当美国政府买下了他大部分的照片后，他的财务状况开始好转，继续靠出售自己的照片生活。

4. 亨利 · J. 海因茨（1857—1945）

在美国以及其他国家的几乎每一个餐馆里，你都会在餐台上发现海因茨这个名字。这位企业家出售的番茄酱、腌菜、开胃小菜和其他调味品在当下无人不知无人不晓；但是在企业发展过程中还是会碰到一些挫折。他的公司在1875年因为庄稼颗粒无收而陷入糟糕的状况，只能申请破产。番茄酱其实直到他破产后才生产问世。

5. 米尔顿·赫尔希（Milton Hershey,1857—1945）

"好时，伟大的美国巧克力棒"是由只念过四年小学的米尔顿·赫尔希生产的。他所获得的成功来之不易。事实上，他经营过四家生意不太成功的糖果厂。破产后，他才又创建了好时食品公司。

6. 亨利·福特（1863—1947）

今天的福特公司是一家能够带动美国经济的公司，因此它才名声大噪。但很少有人知道亨利·福特成立的前两家汽车公司都没有经营成功。似乎有这样的一个趋势就是成功只眷顾那些能够坚持到底的人。

7. 强尼·尤尼塔斯（Johnny Unitas,1933—2002）

外号"黄金手臂"的强尼·尤尼塔斯的强项是橄榄球，但这位名人堂成员还保持着多项经商记录，经营范围从房地产业延伸到保龄球馆和餐饮业。在橄榄球方面的造诣还不足够让他的生意获得成功，他所经营的这些买卖都以失败告终，只得申请破产。2002 年 9 月 11 日，这位富有传奇色彩的橄榄球运动员因心脏病辞世，享年 69 岁。

8. 托马斯·杰斐逊（1743—1826）

历史书中记录了太多太多杰斐逊的故事，从关注农业利益与发展、成为总统，到他建造了自己著名的蒙蒂塞洛庄园。他是一位园艺师、外交家、音乐家、科学家以及发明家，同时还是学校教育的支持者。他是弗吉尼亚大学的创建者，在他所属的那个时代中，他是教育与艺术领域中最伟大的赞助人。虽然他走过了 83 个春秋，但不为人知的是由于当时萧条的金融市场状况，杰斐逊去世时身无分文，处于破产状态。

9. 罗伯特·哈力（Robert Harley,1661—1724），第一牛津伯爵

1711 年哈力成立了南海公司，计划把英国政府在西班牙王位继承战争中欠下的 1,000 万英镑债务兑换成自家公司的股票，寄希望于投机者能够投资南海公司的股票。公司每年会收到政府支付的利息，并且获得与南美国家进行贸易的垄断权。但现实并不像预期的那样。南海公司股票价格一路飙

升，在 1720 年 6 月底时价格已经达到了 1,050 英镑。但仅仅 2 个月后，股价下跌 75%，这家公司被认为实施了诈骗行为，史上称作南海泡沫事件。

10. 斯坦·李（Stan Lee,1922—）

这位原名斯坦利·里伯（Stanley Lieber）的老牌漫画家与创作者是惊奇漫画的创始人之一。他的创作包括《蜘蛛人》、《绿巨人浩克》以及《神奇四侠》。后来他转变工作方向，开办了斯坦·李媒体公司，这家公司在 2001 年破产倒闭。

第五十一章　劳工组织

微观经济学家认为供应与需求是所谓的公司理论中的两个要素。而左右经济理论的是企业中的员工问题，在 19 世纪末到 20 世纪初这段时间内，工人们开始表现出一种“再也不能忍受了”的态度。下面发生的十大事件或多或少对工会发展到今天的程度起到了促进作用。

1. 无烟煤工人罢工事件（1902 年）

美国的工商业依赖煤炭提供能量，而对国内供暖起到重要作用的是无烟煤或是“硬煤”。宾夕法尼亚州的矿工们走出无烟煤矿，要求增加工资、承认工会的存在以及实行八小时工作制。随着冬天的临近，公众对能源短缺的恐慌以及煤炭价格的上涨迫使西奥多·罗斯福总统采用前所未有的办法。

1902 年 10 月 3 日，他在华盛顿会见了矿工和煤矿的矿主，罗斯福是第一位亲自出马对劳资纠纷进行干预调解的总统。五个月后这场罢工运动才结束。

2. 干草市场事件（1886 年）

由铁路工人发起的暴力罢工事件玷污了工会的名声，混战由此升级。5 月 4 日，罢工工人与破坏罢工活动一方在位于芝加哥干草市场附近的麦考密克联合收割机厂附近发生冲突，随后警察介入。在混乱中，警察开枪打死两名工会工人；后来有七名警察在爆炸中丧生。虽然引燃炸弹的那个人一直没有找到，但四名无政府主义工人领袖被指控预谋进行谋杀活动并最终处以绞刑。另外三人一直被关押在监狱中，后于 1893 年被伊利诺伊州州长约翰·彼得·奥尔特盖尔德（John Peter Altgeld）特赦。干草市场暴乱被冠上了“极端”要求八小时工作制的运动，民众对工会工人的支持也减小不少。

3. 美国农业工人联合会（UFW）的建立（1966 年 8 月 22 日）

全国农业工人协会（NFWA）与农业工人组织委员会（AWOC）同时参与了加利福尼亚葡萄种植园举行的工人罢工，并且两个组织合二为一。新成立后的组织名为美国农业工人联合会（UFW），出现了两位具有英雄气概的领导人塞萨尔·查韦斯（Cesar Chavez）与杜拉莱斯·胡尔塔（Dolores Huerta）。美国农业工人联合会为受到压迫从事农业工作的移民争取权益。

4. 第一次庆祝劳动节（1882 年 9 月 5 日）

在这天，大约一万名工人汇聚纽约参加美国第一次劳动节的游行活动。从市政厅走到联合广场后，工人们和他们的家人在水库公园一起享用午餐，并参加音乐会和聆听演讲。第一次劳动节的庆祝活动的发起者是彼得 J. 麦圭尔（Peter J. McGuire），他是一名木匠，也是一位工会领袖，在此次活动一年前他成立了行业组织与工会联盟，这个组织是美国劳工联合会的前身。

5. 普尔曼铁路罢工事件（1893）

普尔曼铁路公司被认为利用削减员工工资、裁员以及对乘坐火车的员工提升火车票票价等方式对员工进行剥削。全国的铁路工人拒绝在普尔曼生产的火车车厢中工作。政府出动了联邦军队镇压罢工，并利用谢尔曼反垄断法案与美国邮政法作为借口进行干预。

6. 航空控制人员罢工事件（1981）

1981 年 8 月 3 日，联邦航空控制人员开始举行全国性罢工，起因是工会拒绝政府为签订新合同而提出的最后解决方案。根据法律规定，联邦员工不能举行罢工，而且罢工的 1.3 万控制员还收到了回到工作岗位工作的命令。大多数工人拒绝执行命令，没有回去工作，罗纳德·里根总统下令解雇这些控制员。

7. 美国邮政工人罢工事件（1970）

这是美国邮政服务历史上第一次出现停工斗争的现象。布鲁克林和曼哈顿地区的邮递员开始罢工，随后全国有 75 万名邮政工人团结起来停止工作。这场罢工影响了纽约、底特律和费城的邮件递送工作。理查德·尼克松总统动员国民警卫队保证邮件发送工作平稳进行，罢工于两周后结束。

8. 勒得罗罢工运动（1914）

这是发生在企业资本与劳工之间最富戏剧色彩的对抗运动之一。领导人号召工人进行罢工："在此通知所有的矿工，科罗拉多州所有的煤矿工人以及炼焦炉工人联合罢工，时间定在1913年9月23日星期二。我们罢工是为了获得更好的工作环境、更好的工资以及获得工会认可。我们必胜无疑。”科罗拉多国民警卫队向工人搭建的帐篷开枪射击，这些工人来自科罗拉多勒得罗镇的科罗拉多燃料与钢铁公司，老板是洛克菲勒。一共有20名罢工者在“勒得罗大屠杀”中丧命，其中包括妇女和孩子。这场罢工开始于1913年一直持续到1914年。

9. 处决乔·希尔（Joe hill）（1915）

乔·希尔是一名来自瑞典的移民，于1914年抵达犹他州，在帕克城银矿打工。他成为一名劳工组织者和工会积极分子，还是一个叫作世界产业工人的激进劳工组织的著名成员。1914年，希尔被指控谋杀盐湖城一位商店店主，而劳工组织者们认为这是犹他州权势很大的“铜矿老板”们的一个阴谋，以此来除掉乔·希尔。伍德罗·威尔逊总统先后两次进行干预试图阻止对乔·希尔执行处决，但他还是在1915年11月19日在犹他州州立监狱被执行枪决。

10. 霍姆斯泰德钢厂罢工事件（1892年6月29日）

这场劳资纠纷牵扯到美国钢铁工人联合会的工人，他们在位于宾夕法尼亚州霍姆斯泰德的卡内基钢铁公司工作，这是一个钢铁小镇，为卡内基帝国锻造钢铁。工人们因为公司计划削减工资而进行抗议，公司的总经理亨利·C. 弗里克（Henry C. Frick）被委派处理此事，他雇佣平克顿保安公司的独立"侦探"来镇压罢工工人。这场劳资纠纷最终变成流血冲突，迫使州长动用了国民警卫队进行干预。这场纠纷最终得以解决；但是人们普遍认为这次的事件削弱了那时钢铁行业的统一性。

第五十二章　别借债，莫放债

这句话说得非常正确。应该把这句话告诉联邦政府，他们总是将债务水平保持在一个高水平上。债务一直是资本主义一种常规的表现形式。通过借贷来偿还最终能还上或是超过限额的债务。对于追求利润的企业来说这是个不错的办法，但如果联邦政府也这样做的话，要注意了！查看一下过去 45 年中美国国债增加的幅度，你会感受到一辆动力强劲的列车正失去控制，冲出轨道行驶[1]。

1.1955 年 12 月 30 日，国债数额：280,768,553,188.96 美元

进行战后重建并不意味着债务情况不会被记录下来。但糟糕的是到 1955 年年底时，债务数额比上一个五年增加了

1　信息收自于 www.publicdebt.trea.gov。

230 亿美元。“二战”结束后，虽然这个国家处在战后重建的模式之中，但已积攒了数量巨大的债务。

2. 1960 年 12 月 30 日，国债数额：290,216,815,241.68 美元

在这个时期内，美国还没有摆脱债务的影响。在这个五年内增加了 100 亿美元的债务，比上一个五年增长 230 亿美元的情况明显好转。随之而来的是婴儿潮的出现。住房出现了短缺的情况。美国已经从艾森豪威尔的统治时期过渡到肯尼迪时代。

3. 1965 年 12 月 31 日，国债数额：320,904,110,042.04 美元

五年前的 100 亿美元增速也不算什么了。现如今债务数额已经达到了 300 亿美元。肯尼迪时代已成为过眼云烟。民权运动在发展壮大中。美国和其他国家正争相成为第一个登上月球的国家，而国家的债务也一起跟随攀升。

4. 1970 年 12 月 31 日，国债数额：389,158,403,690.26 美元

1970 年年底，美国的债务额比过去五年又增加了 790 亿

美元。人类已经登上了月球。越南战事正酣，事情看起来前景不妙。债务持续增长。

5. 1975 年 12 月 31 日，国债数额：576,649,000,000.00 美元

你一定听说过复利的威力[1]，如果你查看了 1970—1975 年间的债务额的话，你这回应该知道它的厉害了。在 1965—1970 年间，许多人会对增加了 790 亿美元的国债而大声抗议。那政府应该怎么做呢？从 1970—1975 年间增长了 1,860 亿美元的债务意味着政府在某方面失去了掌控能力。需要某人的介入并采取行动了。

6. 1980 年 12 月 31 日，国债数额：930,210,000,000.00 美元

好吧，那个应该采取行动的人还没有出现！ 1975—1980 年，国债增长的数额达到了之前 20 年无法比拟的地步——超过了 3,530 亿美元！

1 复利是指资金使用者除了必须对本金部分支付外，对尚未支付的利息部分也必须支付利息。也就是我们俗称的息上加息。

7.1985 年 12 月 31 日，国债数额：1,945,941,616,459.88 美元

请大家收回对 1985 年之前国债数额增幅的评语吧。1980—1985 年间，国债数额增长了将近一倍。72 法则证明以 7% 的利息投资十年的话，资本将增加一倍。在五年内债务额增长了一倍。万亿债务额的时代到来了。

8.1990 年 9 月 28 日，国债数额：3,233,313,451,777.25 美元

好吧，政府在五年内刹住了债务成倍增加的速度，但债务仍然还是以创纪录的数字在增长。在进入纽约中城隧道的入口处竖起了一块牌子，上面以电子记分牌的形式显示着债务数额，债务数额的最后一位数字像失去了控制一样逐步增长。每过一秒钟就意味着国债增加了一点。

9. 1995 年 9 月 29 日，国债数额：4,973,982,900,709.39 美元

当你松了一口气的时候才发现自己已经麻烦缠身了，在过去五年中你觉得债务增长还不算糟糕的时候，才发现债务额已达到 1.7 万亿美元了。但是增幅的百分比已经比之前的

五年期限要少很多了。看上去还不错吧？

10. 2000 年 9 月 29 日，国债数额：5,674,178,209,886.86 美元

这里有一万亿，那里有一万亿，我们谈论的可是绿油油的美元啊。我们在过去的那些五年中见到过债务缩水，也有过债务膨胀。但我们能够得出的唯一结论是：债务额还会逐步上涨。

第五十三章　网络欺诈

数世纪以来，骗子推销商与善于操纵他人的机会主义者常常试图把自己的货物卖出去，能够迅速、不费力地把钱挣到手。自网络革命以来，快速、不费事地把钱弄到手的买卖原则更加容易实现了。联邦贸易委员会收到了大量和网络有关的投诉，顾客上了网络骗局或公司的当。事实上，当你在阅读这篇文字的时候，几封垃圾邮件就躺在你的电子邮件的收件箱中。诈骗这种形式似乎已经存在好几个世纪之久了。现代化的诈骗披上了新的伪装，有了实施诈骗的新地点——网络空间。下面列举的就是联邦委员会选出的排名前十的“网络骗局”[1]。

1　信息收自于 www.ftc.gov/bcp/conline/pubs/online/dotcons.htm。

1. 网络拍卖

消费者因方便而被引诱到网络“虚拟市场”当中。这种网站提供无数物美价廉的商品，通过网络竞价拍卖的形式购买商品。“骗局”随即出现了，买家把钱打给卖家，之后收到了一个比物品描述要廉价得多的商品。而在另外一些情况下，消费者可能人财两空。

2. 网络访问服务

兑现支票，免费收到现金。噢，消费者们要擦亮眼睛了。许多消费者被骗签下了互联网入网或是其他网络服务的长期合同。他们随后会发现如果取消或是提早终止所签订的服务合同的话，要支付一笔数额巨大的违约金。

3. 国际调制解调器拨号

在这种骗局中，消费者被免费提供成人限制级内容，他们只需下载一个“浏览”播放程序。那些尝试这样做了的消费者会收到数额巨大的长途电话费账单。这种程序事实上会切断消费者拨号上网的方式，然后再把他们重新连接到国际长途号码上去。

4. 网页盗取信用卡账号

这种欺诈骗局的做法是消费者会获得一个专门免费使用30天的网页，之后就会被告知无权继续使用下去。“无权”并不那么简单。消费者们会发现他们被征收了话费，或是收到了消费发票。在一些案例当中，这种情况只发生在顾客在试用期后不再续用时。好一个“无权”啊！

5. 传销计划与金字塔

这种骗局每天都在持续上演，人们是前仆后继地掉入陷阱，在经济方面受到损失。骗子们要出的花招是通过产品、服务以及“下线”赚钱。结果是传销参与者购买了产品后发现没法卖给最终用户，相反只能分给别的传销人员。这个传销金字塔会以失败告终，传销人员则会在车库里堆满水质净化器、护肤乳，或是其他定价过高的商品。

6. 旅行与假期

在这个骗局中，骗子们许诺诱人的游览线路，其他周边附属服务的价格也极其低廉。事实上，骗子们给出的是质量低下的住宿条件或是根本没有游览行程。报告还指出那些掉入陷阱的游客会被隐性收费再次蒙骗。而整盘旅游以哪儿也没有玩的结局收场。

7. 商机机会

自己做老板，赚大钱。是的，这话不假。这种商机确实非常具有引诱性；但是结局一般都以失败告终，因为期望值不切实际。不用花大力气和时间就能自己做老板这事听上去确实诱人，这种骗局每天都在重复上演，日复一日，年复一年。

8. 投资

日间交易、商品贸易、股市投资秘诀——这些噱头非常吸引无知消费者的眼球，他们因为快速致富而掉入陷阱：进行最初投资然后迅速获得巨额回报。数千万美元就这样投入到这样的项目中去，他们宣称能够对市场进行预测，提供更加夸张的项目系统。

9. 健康保健产品或服务

在这种骗局中，健康保健产品和服务并不是通过传统供应商出售的，相反是由直邮形式进行买卖的。这些产品被宣传成对某些严重健康问题具有药到病除的疗效。一些不明真相的消费者对这些产品和服务信服得五体投地，后来却发现它们什么疗效都没有。如果疗效听上去神乎其神，那么通常来说都有夸张成分！

10. 信用卡共享

这种做法听上去非常危险，实际上确实是非常有风险的。消费者上网冲浪，免费浏览包含成人内容的图片。背后隐藏的埋伏是：消费者必须分享自己的信用卡密码来证明自己已满 18 岁。最后，诈骗者利用这些信用卡征收费用。

第五十四章　雇佣与法规

雇佣关系一直是经济理论与实践中的主要因素。美国经济的繁荣就是建立在雇佣关系之上的，因此它一直是美国政府法规的侧重点。下面列举出了过去 20 年当中对美国雇佣关系起到形成与保护作用的十项雇佣法规[1]。

1. 戴维斯－佩根法案（1931）

这项法案打击了背地里削减工资的行为：用工者在联邦政府项目上设置不同的工资等级，根据各种不同的劳动规章制度给予工作者当地的薪水待遇。

1　信息收集自 www.dol.gov。

2. 公平劳动标准法案（1938）

这项法案由美国劳工部负责管理执行，规定在生产行业中工人每小时最低工资为25美分，每周工作最高时限为40小时。40小时工作制这一规定一直保留下来，从未发生过变化。而最低工资额从那时起一直在稳步提升。这项法规覆盖面从生产行业工人一直扩展到大多数领取薪水的工人。

3. 国家劳动关系法（1935）

这项法令又被称作瓦格纳法，它赋予工人组织并与雇主谈判的权利。此外，这项法案还促成一个独立的全国劳工关系局的建立，来监督代表选举以及解决劳动纠纷。

4. 塔夫特·哈特利法案（1945）

这项法案出台的目的在于对劳工工会施加一些限制。这些限制举措包括禁止实现“封锁工厂制”，这个制度要求员工需要加入工会才能被录用。与此同时，还禁止工会主席命令罢工进入“冷却期”，这一举措被认为有损国家安全。

5. 同工同酬法案（1963）

这项法令实际上是1938年实行的公平劳动标准法案的一部分，由公平就业机会委员会负责管理与执行。这项法案禁止在同等工作条件下，在男性与女性员工性别上出现工资歧视的行为。

6. 经济机会法案（1964）

这项法案最初的目的，是为了帮助那些来自贫困家庭、年龄在14—21岁之间失业的年轻人获得工作经验，在完成高中学业的同时能够获得收入。截止20世纪60年代末，这个计划为150多万青年人提供了帮助。在这项联邦政府资助的项目中有三个组成部分：一项针对在校年轻人，一项针对学校外无业青年；还有一项是同时针对以上两组对象而举行的夏季项目。一些当地公益赞助组织例如公立学校、医院以及图书馆等机构负责实施这个计划。年轻人从事的是公共服务工作，例如担当图书馆管理员、学校教师的助理。这项法令同时促成了头脑启动计划、职业队计划以及邻里青少团等项目的创立。

7. 职业安全与健康法案（1971）

这项法案规定劳工部针对所有工作的环境设立安全与健

康标准，并推行这项标准的实施。这项法案从约翰逊总统那届政府开始，在议会经过了数年的辩论，争议在于是由美国劳工部进行法案的管理还是把管理权交给一个独立的机构。最终立法把权利交给了劳工部，授权制定标准并负责执行；但是，还是会有另外一个独立审核委员会进行执行监督。为了执行这个法案而成立了职业安全与健康管理总署。

8. 雇员退休收入保障法案（1974）

出台这项法案是为了保护美国工人退休后的福利待遇。此外，该法案还致力于提高参与养老金计划的机会。该法案规定，美国劳工部负责监督退休金计划的管理情况。诸如这样的计划需要被合理安排，使参与计划者获得相应福利。

9. 职业培训伙伴关系法（1983）

这项法令在企业、劳动力与政府间建立了三方关系。这种合作关系在各个层级间展开，最大限度地提供培训机会。该法案针对工作培训以及为经济上贫困的个人、失业工人以及就业障碍人士提供帮助。最终目标是令受训者找到全职工作，在私营企业中发挥自己的作用，成为具有生产力的美国劳动人口。

10. 家庭休假法案（1993）

我们要为此感谢比尔·克林顿总统。这项法案规定，雇主必须给予每名符合资格的雇员每年 12 个星期的无薪休假机会。应该给予员工休假的原因大致有如下几类：员工生孩子或是孩子需要照顾；收养或领养小孩；雇员或其近亲属（小孩、配偶和父母）有严重的健康状况。此外，员工由于严重健康问题而无法工作的情况下可以申请休病假。

第五十五章　欢迎来到镀金时代

美国的镀金时代是一个工业成长与移民数量急剧增加的时代。它是美国历史上非常重要的一个历史时期，钢铁产量增大，对西部例如木材、金银等资源消耗量较大。这样的工业活动激发了对更加便捷的交通方式的需求，因为木材需要从资源丰富的西部运到东部地区，对铁路数量的增长起到了促进作用，连同带动了铁路行业的发展。在这个时期内钢铁与石油的需求量特别巨大。工业发展使一些像约翰·D.洛克菲勒（石油行业）以及安德鲁·卡内基（钢铁行业）这样的商人赚取了大量财富。这样通过尔虞我诈进行商业交易获得财富的商人都被称作“强盗大亨”。这个时代之所以被称为镀金时代是因为有许多人在这个时代中成为暴发户，或是过着荣华富贵的生活[1]。

1　信息收集自 www.loc.gov。

1. 爱迪生第一次公开展示灯泡（1879 年 12 月 31 日）

我们习以为常的电灯出现在 1879 年的 12 月 31 日。在实验室进行了千百次试验后，爱迪生在自己位于新泽西州门洛帕克的实验室向公众展示了第一盏白炽灯灯泡。这个白炽灯灯泡的灯丝极其纤细，当加热到一定温度后，灯丝就会发出光亮。电流提供了热量。

2. 庆祝第一个劳动节（1882 年 9 月 5 日）

我们今天所熟知的劳动节标志着夏天的结束、学校开学日期的来临。真正意义上的第一个劳动节是 1882 年 9 月 5 日，一个星期二，在纽约进行庆祝的。庆祝活动包括野餐、音乐会以及演讲，希望工人们能从日常的辛勤工作中释放出来。大约一万名工人参加了游行活动，从纽约的市政厅行进到联合广场。这一天也就是每年 9 月的第一个星期一被指定为进行庆祝的日子。在第一个劳动节过后不久，议会于 1894 年通过立法，规定劳动节为全国性节日。

3. 世界第一座水力发电厂开始运作（1882 年 9 月 30 日）

瀑布急流直下的水流与河流并不会让你马上联想到电

力，但水利发电厂能够照亮千家万户。利用水能使发电站运转起来并以此发电的主意是在 1882 年 9 月 30 日出现的，建在威斯康辛州爱波顿福克斯河上的世界第一座水力发电站开始运转。

4. 卖出去的第一瓶可口可乐（1886 年 5 月 8 日）

可口可乐是世界上辨别度最高的产品品牌之一。人们从 1886 年起就开始享用这种大受欢迎的饮品了。约翰 · S. 潘伯顿（John S. Pemberton），一位来自佐治亚州亚特兰大的药剂师在雅各布药房卖出了第一瓶可口可乐。许多人不知道的是这款产品是由记账员弗兰克 · 罗宾森（Frank Robinson）命名的。而我们现在看到的可口可乐著名的商标就是罗宾森的亲手笔迹。

5. 亚历山大·格雷厄姆·贝尔发明了光影电话（1880 年 6 月 3 日）

光影电话是这个创造力迸发时代的另一杰作。这款电话和以太阳能作为动力的电话原理相似，是亚历山大 · 格雷厄姆 · 贝尔于 1880 年 6 月 3 日发明的，在光影电话发明的四年前他还发明了电话。他把光影电话视为自己最重要的发明创造之一。后来的科技以他的发明技术为基础，允许电脑在全球范围内传送资讯。

6.《好管家》杂志问世（1885 年 5 月 2 日）

这本杂志一直归美国企业所有；然而摆放在 20 世纪初期货架上的《好管家》杂志可能和现在的杂志有很大的不同。但无论过去还是现在,《好管家》杂志一直都被摆在货架上的第一排。这本杂志是在 1885 年 5 月 2 日正式上市的，此杂志提供给读者许多管理家务的小诀窍，还刊登有一些职业作家写的文章与故事以及读者来信。这本杂志的第一位编辑是克拉克 · 布来恩（Clark W. Bryan），他的目标是要“制作并永久保存完美——或者尽可能在家里维持完美”。

7. 美国大陆正式引用四个标准时区（1883 年 11 月 18 日）

当人们的活动变得越发频繁之时，他们开始意识到不同时区的必要性。起初车站管理员希望建立 100 个不同的火车时间表来解决这个问题，但很快铁路时刻表成为了一个引发困惑和混乱的问题。铁路管理员们最后同意在美国大陆上使用四个时区的方式：东岸、中央、山区，以及太平洋时区。铁路运行也不再使用当地的时间。今天，美国海军气象台负责制定美国官方时间。

8. 苏珊 · B. 安东尼（Susan B. Anthony）支持妇女投票权修正案（1884 年 3 月 8 日）

在过去，妇女没有投票权，而男性却可以享有这项权利。通过一些吃苦耐劳的活动家的辛勤努力和坚持，最终为妇女赢得了投票权。这场运动由苏珊 · B. 安东尼领导，1884 年 3 月 8 日，安东尼在国会进行发言，为妇女争取投票权。她要求参议员支持修改美国宪法，她说：“应该禁止因为性别因素，而剥夺美国公民的投票权。”

9. 自由女神像到达纽约港（1885 年 6 月 19 日）

把它运到纽约来可不是件容易的事。这是法国为了表达国际友谊而送来的一份礼物，整个雕像被拆解成为 350 个组件，装在 214 个木板箱里运到了美国。四个月之后，这个被艺术家称为“自由光耀寰宇”的雕塑在贝德罗岛重新组装。1886 年 10 月 28 日，葛罗佛 · 克里夫兰（Grover Cleveland）总统在数万名民众面前举行自由女神像的落成典礼。但是后来有数百万人以各种不同方式来欣赏这位“自由女神”。

10. 托马斯 · 爱迪生的专利产品——活动电影放映机（1887 年 8 月 31 日）

爱迪生的助理 W. K. L. 迪克生（W. K. L. Dickson）发明了电影，随即大获成功。在爱迪生看来，它只是一个像小玩具一样的发明，但爱迪生希望这项发明能够刺激录音机的销售业绩并对录音机起到补充作用。他在把画面与文字进行匹配时碰到了麻烦。因此，他又创造了电影放映机——这个设备可以观看无声电影，并在 1887 年 8 月 31 日为自己的发明注册了专利权。

第五十六章　金钱让地球转起来

金钱——它是商业世界的产物。金钱与货币已经成为我们日常生活中很司空见惯的两个概念了。当我们真正去思考的时候，会发现金钱是信任的载体，因为五美元面值钞票的价值不可能等同于100美元面值的钞票。下面列举了一些和金钱相关的有趣的故事，供大家思考。

1. 从历史上来看，货币经常被伪造

如果你一直认为美国货币的价值高于钞票面值的话，你需要重新思考了。事实上，在美国内战结束前，市面上流通的美国纸币几乎一半都是假币。美国财政部于1865年成立了情报部门来解决假币问题。不到十年的时间，假币的数量明显锐减。

2. 货币价值一度靠“预估”

想象一下一个现代化政府靠期望获得收入的多少而运转下去。1775 年，美国的开荒者们因大陆会议而发行纸币，为革命战争提供资金援助。这种纸币是靠“预估”获得的税收款项作为保证的。没有稳定的资金作为后备力量的货币是疲软的，而且极容易被伪造。

3. 钞票的外观一直在变化

过去的纸币尺寸比现在的要大三分之一。1929 年纸币的尺寸被缩小了 33%。同时纸币票面也进行了标准化设计，在钞票正面印有统一的人物肖像画，在背后印有国徽和各种历史古迹。

4. 美元不止一种

从美国内战到第一次世界大战，市面上流通的纸币还有由国民银行印制的钞票。这种钞票于 1863—1932 年间发行，目的在于增强货币的流通性，以便更好地满足商业发展的需要。从 1863—1877 年，承接联邦政府合同的私人钞票公司印制国民银行钞票，直到 1877 年，政府才收回这项权利，自行印刷钞票。

5. 钞票上不是一直都印有“我们信任上帝”

在作为交换媒介的纸币背后所隐藏的哲学理念是信任。1955 年，一项法律在艾森豪威尔时期获得批准通过，信任二字才受到重视，法律规定所有新设计的硬币与纸币上必须包括“我们信任上帝”的题字。但这几个字并不是第一次出现在美国的货币上。1864 年这几个字第一次出现在二美分的硬币上。

6. 纸币人物青睐男性

你是否注意过这个现象？女性在美国货币上的一些场景中出现过；然而出现在美国纸币上的却只有两位女性。如果你仔细观察会发现在 1886 年和 1891 年发行的一美元银元券的正面以及在 1896 年发行的银元券背面印有玛莎·华盛顿（Martha Washington）的人物肖像。进一步寻找的话还会发现在许多纸币上雕刻的“把旧世界介绍给新世界”的版画中出现过波卡洪塔斯（Pocahontas）公主的人物形象。

7. 鲜有美国土著人出现在美国货币上

印第安人在美国货币上出现的次数非常的低。事实上，唯一一位肖像被印在货币上的印第安人是苏族首领奔羚（Running Antelope），他的肖像出现在1899年发行的银元券上。然后画像引起了争议，因为这位首领被描绘成头戴波尼族头饰而不是苏族头饰。这个事件也引发了波尼部落与苏族部落之间的摩擦。波卡洪塔斯公主也曾在美国货币上出现过；但是其他著名印第安人士却没有这个机会。

8. 美元不是流通最为广泛的货币

美元是流通最广的货币，是这样吗？大错特错！据说帕克兄弟公司推出的棋盘游戏“强手”里面的玩具钞票的数量超过了美国政府每年发行的货币总量。

9. 美元钞票相对较新

日常生活中我们总是想方设法把钢镚花出去，因为总觉得这些硬币又占地又耗费我们的时间，作为货币媒介的硬币，还会因为年复一年的通货膨胀而给我们带来麻烦。如果你认为美钞也有相同问题的话，那么当得知联邦政府发行的一元面值的美钞在1963年才第一次印刷时，你会感到特别惊讶吧。1963年之前这种面值的美钞有各种各样的版本，而且靠白银作为支持后盾。1957年以前，美钞上还没有印上“我们信任上帝”这句话。二元面值的美钞在1976年面世。

而面值最大的 100 元钞票从 1969 年起开始印刷发行。

10.“无现金社会”是不太可能出现的

现在几乎所有事物都已经电子化了，那么美元或许已经走到了生命的尽头，是这样吗？你又错了！通过电子支付形式实现“无现金社会”的预测忽略了这样的事实，公众对货币的需求一直在增长。使用信用卡和借记卡购物的方式或许减少了对现金的需要；然而纸质货币仍然在隐私方面具有优势，而且受欢迎程度在未来还会继续增长。

第五十七章　津贴大事记

社会保障计划与其他一些政府补助项目是最富争议的社会经济类话题。政客们对这些项目计划的争论永远不会终止。企业家与普通民众一直都在抱怨这些项目花销巨大，然而提供给公众的福利却又持续下降。盘点历任总统对社会保险做出了哪些评论是件有意思的事情……但总之，情况在不断恶化中。下面列举的十条语录验证了十位总统是如何看待这个议题的[1]。

1. 富兰克林·德拉诺·罗斯福
（1935 年 1 月 17 日，议会发言）

“在对老年人来说事关重大的社会保障领域内，采取三

1　语录收自于社会保险网站 www.ssa.gov/history/presstmts.html。为了保证文体，对这些语录进行了编辑。

个原则是十分必要的：第一，无须缴款类型的养老津贴要发给那些年事已高无力给自己购买保险的老人。当然需要明确一点，或许还要经历 30 年的时间各州以及联邦政府才能负担得起这些养老金的金额。第二，对年轻人和后代来说，要给强制性缴款类型的养老津贴及时建立一个自给自足的体系。第三，那些选择自愿缴款类型养老津贴的人们在年老时可以获得金额增加的年津贴。我们计划由政府承担一半的养老津贴费用，这种养老津贴最终会被自给自足的养老金计划所取代。”

2. 哈里·杜鲁门（1945 年 8 月 31 日，在社会保障法案通过十周年之际发表的发言）

“一个机制健全的社会保障体系需要我们进行深思熟虑与精心准备。社会保障要对得起这个名号，它不是失业救济金体系，也不是无偿向大家提供帮助的机构。真正的社会保障要由权利构成，这种被赋予的权利是由这片土地上实行的法律所保障的。只有这种社会保障才对得起曾为它斗争过或是此时此刻正为此奋斗以保护美国的传统和未来的人们。”

3. 德怀德 · D. 艾森豪威尔（Dwight D. Esenhower）（1953 年 2 月 26 日，在有关总统委员会调解联邦与各州关系必要性的发言）

“联邦社会保障体系的发展需要相关论证。对它所进行的分析不仅要含括州政府与联邦政府在负担费用方面的分配比例，更要包括对这个系统运转和覆盖范围的研究。社会保障体系是政府自身具有的一种特定职能，为国民渡过难关提供强有力的支持，这是我们应该追求的目标。同样我们也应力争让这个系统有效地运转起来，让这个体系为那些需要获得帮助的人带去最大的利益。”

4. 约翰 · F. 肯尼迪（1962 年 2 月 1 日，对公共福利项目发表的特别发言）

“我们的社会保险体系和相关项目取得了突出的成绩：1940 年只有不到 1% 的老年人每月能够领到老年保险金；而今天已经有超过三分之二的老年人能够领到这些补贴了。1940 年在那些失去一家之主的家庭中，只有其中的 2.1 万名孩子可能领取遗属抚恤保险金；而今天每月大约有 200 万个孩子可以领取此种保险金。”

5. 林登 · 约翰逊（1965 年 7 月 30 日，与杜鲁门总统在签署独立医保法案时做出的评论）

“美国的老年人不会再拒绝接受现代医学奇迹的治疗。疾病不会再耗费掉老年人积累一生的积蓄，因此他们在晚年的时候可以活得更有尊严。年轻人也不会因为需要对父母、叔叔或姑姑履行道德义务而眼睁睁地看着自己的收入和希望被轻易地吞噬掉。”

6. 理查德 · 尼克松（1969 年 9 月 25 日，在议会针对社会保障发表的特别发言）

“由于生活成本的增加，我们通过采取行动来增加保险金数额，才能不失信于这些领取保险金的人们。由于生活成本的增加，我们通过行动令未来保险金数额自动上涨，我们就解决了未来将会出现的问题；我们做了大量工作使这项体系不受人员换届的影响；我们要让公平对待受益者这件事成为既定事实，而不是让它成为空想之事。”

7. 杰拉德 · 福特（1976 年 5 月 6 日，在和政府官员讨论社会保障信托基金时发表的评论）

“正如大家所知，我向议会提交了一份建设性议案，目的在于维护社会保障信托基金的财务稳定。提交议案之际正值政府预算或经济项目以及国情咨文发布，不幸的是议会似乎还没有意识到这个问题，更悲惨的是他们对此也束手无策。”

8. 吉米 · 卡特（1977 年 10 月 25 日，在众议院签署议案使其成为法律时发表的评论）

“大家都知道，我当了四年州长，后来又花了两年时间在全国各地进行总统竞选活动。我认为我们这个国家现在出现的最大的问题是对政府的不信任以及不相信政府有足够的能力用最诚实最有效的方法为了人民的利益管理不同项目。或许最为敏感的话题之一就是医疗保健。自从 1950 年起住院一天的费用已经上涨了 1000%。医院护理费用比之前增加了 100%，每五年就会增长一倍。”

9. 罗纳德 · 里根（1981 年 5 月 21 日，就社会保障体系问题写给议会首领的一封信）

“大家都知道社会保障体系正游走在破产边缘。在未来的五年里，社会保障信托基金可能会面临多达 1,110 亿美元的赤字，在未来的数十年中，无资金准备的债务额会轻松地迈过万亿美元大关。除非我们愿意采取行动，否则数以百万计国民的社会福利就会处于危险的境地了。”

10. 乔治·W. 布什（2001 年 2 月 2 日，在共和党议会会所发表的评论）

“我相信如果我手头上的钱数有限的话，我会精打细算地、有目标地花掉每一毛钱。关注的一个焦点是社会保障体系，另外一个是医疗改革。我们面前摆放着一个绝佳的机会，要采取主动，确保和像托马斯主席［威廉姆·M. 托马斯（William M. Thomas）］这样的人士并肩合作，以及确保医疗体系运转正常。处方药是医疗改革的一个主要部分。它将会是一个令我们都引以为傲的时刻，共和党人与民主党人，让我们一道促成医疗体系的现代化发展，让我们所有的老年公民都能有尊严地退休。”

第五十八章　交通运输

交通运输是我们日常生活的命脉，货物、商品以及人际往来都要依靠交通运输。在生产活动中，成品与原材料的流动也依赖于运输。当然，人类从事的任何活动也离不开交通运输。但交通运输并不总是非常便捷的，而且更不是自古就有的。下面列举的十大事件对美国今天的交通运输行业起到了塑造作用。

1. 蒸汽动力

1807 年罗伯特·富尔顿（Robert Fulton）在纽约哈德孙河上成功创办了用于商业用途的蒸汽船服务。到 19 世纪中叶，跨越大洋的船只依然由蒸汽提供动力，极大地缩减了航行时间。1800 年在海上要五个星期才能完成的航行在蒸汽机出现后被缩短到了 18 天。到 19 世纪末，同样的旅程只要短短的五天即可完成。在同一时期内，铁路上奔驰的蒸汽动力机车负责运送数百万乘客以及总量超过6.9亿吨的货物。

2. 伊利运河

一条运河可以开辟出商业贸易与旅行的航路。伊利运河于1825年10月26日开航，为美国东海岸与五大湖区间航行的船舶提供了通道。这条运河还促进了纽约城外地区的贸易往来与增长，使纽约以及周边地区和中西部地区进行制成品与农产品的兑换。

3. 巴尔的摩与俄亥俄铁路

巴尔的摩与俄亥俄铁路是特许交通运输业的典范。1827年2月28日，它成为了美国第一条特许进行商业货运以及旅客运输的铁路线。投资修建铁路的人们都希望贸易额仅次于纽约的巴尔的摩能够在争取西部贸易的竞赛中打败纽约。纽约也因为伊利运河的开放而收益颇丰，并且还在出入纽约地区的货物与人口的竞赛中处于领先地位。

4. 苏伊士运河的通航

苏伊士运河不是一天就建设而成的。 这条运河历经十年才得以完工，于 1869 年 11 月 17 日通航。这条运河里程长度非常之长，绵延 101 公里，贯穿埃及苏伊士地峡，连接起地中海与印度洋。它是世界上使用频率最高的一条运河。

5. 金色道钉

一颗巨大的道钉在 1869 年被钉在犹他州海角峰土地中。这颗道钉由联合太平洋铁路公司和中央太平洋铁路公司的员工一同把它楔入了地面，这意味着第一条跨州铁路的完工。这条铁路把美国的东海岸与西海岸连接到了一起。因为这条铁路线的贯通，之前需要花上四个月甚至更多的旅行时间被缩短到了一个星期。

6. 设定美国时区

坐火车旅行的时候追踪时间变化是一件非常重要的问题。实际上，向东部或是西部行进意味着每走 12 公里就要把手表调快或慢一分钟。火车管理员意识到制订一个新的时间计划的必要性，以便制作一份火车时刻表，准确地预告火车到达与离站时间。1883 年 11 月 18 日，美国正式划分出四个标准时区。

7. 怀特兄弟与他们的实验

1903 年威尔伯与奥威尔·怀特在北卡莱罗纳州的斩魔山进行飞行试验。奥威尔进行了第一次试飞，飞行时间为 12 秒。在这天结束前，威尔伯在空中的飞行高度为 852 英尺，飞行时间增加到了 57 秒钟。因此这个笨重的飞行器改变了我们今天的出行方式。

8. 福特 T 型汽车

1903 年福特创办起自己的汽车生产王国，公司的座右铭为“我将为大众打造一款汽车”。1908 年他生产的没有后座的 T 型汽车售价 750 美元，有后座的则为 850 美元。这款车在生产了 19 年后，价格降到了 280 美元。1908—1927 年，T 型汽车在全美的销量超过了 1,550 万部，带领美国进入了一个全新的汽车时代。曾经作为特权阶层才会享受得起的出行方式最终在平民阶层中得到了普及——“一款为大众打造的汽车。”

9. 修建巴拿马运河

巴拿马运河修建时间从 1906 年持续到 1914 年。当开通运行后，船只在大西洋与太平洋间的航行距离为51公里。这一航线大大缩短了穿越波涛汹涌且危机四伏的南美合恩角的8,000海里距离。海洋运输时间大大缩短。货物与进口物品能够更快速地抵达目的地，总成本也比之前降低了不少。

10. 州际高速公路

1938年联邦公路法案规定“美国公路管理局局长在此负责调查并报告调查结果，分析修建最多三条超级高速公路的可行性和修建费用，以及最多三条从美国东部到西部的超级高速公路的可行性和修建费用，还有从美国北部到南部的超级公路的可行性和修建费用，其中要包括在这种高速路上修建收费系统的可行性分析”。这一规定揭开了修建连接美国两端的州际公路的序幕。1952年联邦政府助建公路条例批准拨款2,500万美元修建州际公路，这样联邦政府和公路经过所在地政府各自承担了50%的公路修建费用。1954年的联邦政府助建公路条例批准拨款1.75亿美元修建州际公路，联邦与州政府承担资金匹配比率达到60%对40%。

第五十九章　关心家庭公司的策略

员工不仅仅会考虑自己的待遇，也会时时惦记着自己的家人。所以要找到一家能让员工的亲人们享受到实惠的公司。从这个角度上来说，一些公司确实是关心家庭生活的。这些关心家庭生活的公司会给员工分红吗？如果你是一些福利待遇超级好的公司的雇员，他们当然会分发红利。但是他们也会向股民发送红利——是的，你没有听错——股民。20 世纪末期美林公司对一些关心家庭公司的业绩进行了研究，结果表明这些公司的平均股价比市场上其他公司高出 25%。

那么，他们都是哪些公司呢？他们又能提供什么福利呢？嗯，榜单上有许多公司，但是有十家关心家庭的公司用一些方法为自己的员工减轻负担，所以他们可以在不工作的时间里更好地照顾自己的妻子与孩子。

1. 毕马威咨询公司（总部位于弗吉尼亚州的麦克莱恩）

这家咨询公司会把和工作与家庭有关的公司政策、规定公开进行讨论。这家公司把关心家庭的企业氛围列放在商业议事日程的重要位置上。毕马威公司欢迎针对这一主题的讨论，甚至对提出平衡工作与家庭生活政策的高级管理人员给予奖励。

2. SAS 公司（总部位于北卡罗来纳州凯利）

虽然多年以来这家公司的软件和企业资源计划执行起来颇费困难，但他们却把员工和家属的幸福当作头等大事。在福利成本水涨船高之时，他们为员工提供免费照顾孩子的服务，给孩子们配备的都是资质过关且受过培训、精通蒙特苏理教学法的老师。此外，公司还给员工提供营养丰盛的美味菜肴，如果吃不了的话还可以打包回家！这就是我说的关心家庭型的公司！

3. IMB 公司（总部位于纽约阿蒙克）

IMB 公司强大的优势不仅体现在科技方面，它还会大方地为员工提供实实在在的实惠。员工可以选择六个月内每周只工作 20—30 小时时间的方案，这样员工就有时间处理家庭事务了。同时还有另外一种选择就是在工作日内可以享受两小时的午餐休息时间来解决个人问题。

4. 默克医药有限公司（总部位于新泽西州怀特豪斯站）

这家成功的制药公司在制药领域内独创了多项伟大的发明革新。在为员工谋福利方面他们也能够与众不同另辟蹊径。这家公司提供现场修车服务。辛苦工作了一天后还需要回家做饭？这也没关系，公司可以提供食堂饭菜打包服务。

5. 贺曼贺卡公司（总部位于密苏里州堪萨斯城）

这家生产贺卡的巨头公司一直在培养一种艺术性的表达方式，而提到自家员工的时候也是如此。公司为员工提供 5,000 美元作为收养小孩的补贴。此外还提供其他待遇，包括一项针对小孩与老年人的推荐计划。一些更有创意的福利待遇还包括举办如何照顾老人和小孩的讨论会，甚至在假期与员工休息时间里在公司举办活动，员工可以带着自己的孩子们和自己一起来上班。

6. 健盈公司（总部位于爱达荷州博伊西）

如果你是这家久负盛名的健康信息公司的职员的话，你或许会因骑着一辆公司提供的自行车外出兜风而获得享受。健盈公司在中午的时候向员工提供自行车，号召大家骑车在城市里兜圈以保持一个清醒的头脑。入职第一年的话，公司会提供一个长达三周的悠长假期，而且公司还会为全职和兼职的员工提供公司出资购买的全额健康保险。

7. 美国管理系统公司（总部位于弗吉尼亚州费尔法克斯）

美国管理系统公司为了员工实行弹性工作制，并且实施一个叫作“生活平衡”的项目。这个计划为员工提供涉及生活与工作方面的一对一咨询服务。其中包括各种形式的压力管理咨询——即使麻烦的制造者是老板也可以畅所欲言。服务还提供其他方面的咨询，例如个人理财问题。员工还可以用加班的时间数换取额外的休息时间。

8. 通用磨坊公司（公司总部位于明尼苏达州明尼阿波里斯市）

这家公司成为关心员工家庭的一个典范。这家公司首席执行官两岁大的女儿把自己锁在了浴室里，而这位首席执行官马上要向一位证券分析员做商业报告，这种精神令分析员十分感动，体现出了工作与家庭责任的重要性。通用磨坊公司提供灵活的工作时间安排，在公司里为员工准备了一流的儿童护理服务设施，在员工自己无法照顾孩子们的时候提供支持。如果养家糊口的责任令你负担过大的话，公司会为你提供瑜伽和其他健身课程。

9. 合作伙伴公司（总部位于密苏里州圣路易斯）

这家小型公关公司给职员提供收养补助，允许员工休产假，公司工作时间较为灵活，还可以选择远程办公，还报销员工的学习费用。这些是这家成立于 1991 年的小公司给员工提供的慷慨福利待遇。和其他公司做法不一样的是，他们不仅给生孩子的女职员放产假，还允许那些刚刚当上爸爸的员工休产假。

10. 德州仪器公司（总部位于德克萨斯州达拉斯）

这家高新技术公司为员工和他们的家属提供一流的福利待遇。福利包括灵活的工作时间，公司建有育婴室，还有为员工跑腿的门房服务。如果你感到购物是你最为头疼的事情，那么这家公司非常适合你。公司内部设有杂货送货服务部门。同时公司还为员工提供多达 4,000 美元的收养补助。